해빙

이숙희 수필집

우리시대의 수필작가선 095

해빙

이숙희 수필집

수필세계사

작가의 말

모서리가 둥근 삼각형

곳간의 문을 열었다. 오랫동안 묵혀두었던 글들이 고개를 들고 나와 눈맞춤을 한다.

몸을 통과하여 나온 글이야말로 아름다운 수필이 될 것이란 생각에 20여 년 전 문단 말석에 발을 들였다. 그러나 글을 쓴다는 것은 신이 내린 축복인 동시에 형벌이었다. 써도 아프고, 쓰지 않아도 아픈 것이 글쓰기였다.

글이 가끔은 나에게 위로가 되기도 하고, 때로는 좌절을 안겨 주기도 했다. 한줄기 빛이 들지 않는 곳간에서 긴 시간을 보낸 글들을 끄집어 내놓고 보니 사유가 얕고 영글지 못했다.

어느 작가가 내게 글집 짓는데 왜 그렇게 소홀하냐고 했다. 맞는 말이다. 다른 작가가 몇 권의 수필집을 출간하는 세월, 이제야 첫 수필집이다.

내 삶은 가정생활과 신앙생활, 그리고 문학 활동으로 이루어진 삼각구도였다. 다행히 힘겨운 짐들의 무게에 모서리가 닳고 닳아 이제 잘 굴러가는 둥근 삼각형이 되었다. 한 면에 서서 되돌아보면 후회스럽고 아쉬운 일도 많지만, 또 다른 면에 서서보면 나름대로 보람 있었던 일들도 많다. 그 삼각구도의 면면마다 주어진 일은 나름대로 최선을 다해 왔었다. 이젠 그것들이 안과 밖이 다르지 않고, 시작과 끝이 없는 뫼비우스의 띠처럼 분리할 수 없는 나의 일상이 되었다. 그 속에서 부족한 것이 있다면 그것은 나의 한계 밖이어서 어쩔 수가 없는 일이다.

게으른 농부가 석양에 바쁘다는 옛말이 있다. 내 삶의 반성문이기도 한 낡은 수필들을 막상 꺼내 놓고 보니 만감이 교차한다.

문학 활동을 늘 이해하고 격려해준 가족들은 언제나 나의 든든한 힘이다. 그리고 나의 호각소리를 듣고 한달음에 달려와 주는 형제들이 있어 행복하다. 서로 손을 맞잡고 발맞추어 동행할 글벗들을 만난 것은 큰 행운이 아닐 수 없다. 무엇보다 수필의 길로 인도해주신 홍 선생님께 고마움을 전한다.

2023년 맹춘
이숙희

차례

작가의 말

제1부
백일 동안의 봄날

013 백일 동안의 봄날
017 종신보험
020 시간에 대하여
024 대오
027 흔적
031 못
034 작은 배려
039 먼 길
043 오지랖
048 한여름 밤의 소동

제2부

육천 번째의 와이셔츠

육천 번째의 와이셔츠	053
잔치	057
세 가닥 거미줄	061
남편의 휴가	066
사주	071
끈	075
황사	079
출산	083
카오산에서	087

제3부

엄마의 돈

093 엄마의 돈
097 연緣
102 촛불
106 홍시
108 귀소
113 밥
118 아버지의 군번
123 대장놀이
127 다섯 살 손녀의 철학

제4부
진실만이 희망이다

진실만이 희망이다 - 1월　133

봄바람 - 2월　136

봄빛 - 3월　139

말 - 4월　142

가장들의 숨비소리 - 5월　145

부끄러운 유월 - 6월　148

사랑의 가족 - 7월　151

술 - 8월　154

여수의 밤 - 9월　157

지키지 못한 약속 - 10월　160

감 - 11월　163

따뜻한 행복 - 12월　166

제5부

해빙

- 171 해빙1
- 176 해빙2
- 180 해빙3
- 183 평화의 뜨거운 불씨를 안고 - 5사단 방문
- 188 평화의 종소리는 울려 퍼지고 - 6사단 방문
- 193 가을 남자
- 197 111번째 순례
- 201 앞자리
- 205 심안
- 209 성모님께 드리는 기도
- 212 미리 쓰는 유서

- 216 발문

제1부

백일 동안의 봄날

지루하게 반복되는 날들과 불확실한 미래로 힘들게 느껴졌던 일상들이 백일동안 하루하루의 조각들을 붙여 희망이라는 모자이크를 완성 시킨 느낌이다.

- 백일 동안의 봄날
- 종신보험
- 시간에 대하여
- 대오
- 흔적
- 못
- 작은 배려
- 먼 길
- 오지랖
- 한여름 밤의 소동

백일 동안의 봄날

　병아리들이 부화한 지 백일을 맞았다. 성격이 까칠한 청계와 오골계 사십여 마리다. 이들과 가족을 이루게 된 데는 사정이 있다.

　느닷없는 역병으로 일 년이 넘도록 무기력하게 세월만 보내다 보니 우울과 무력감에 빠져들었다. 삶이란 관계 속에서 피어나건만 만남을 꺼리게 하는 현실에 절망과 탄식만 쌓여 가슴속에 품고 있던 작은 희망마저 소멸해 버릴 것만 같았다. 지난 세월 함께 했던 사람들과의 따스했던 기억들과 서로 주고받은 말 중에 상처라고 여겨졌던 대화조차도 그리워지기 시작했다.

　짧은 겨울 해가 저물고 자욱한 안개가 우수처럼 산중에 스며든 2월, 이 암울한 시기에 에디슨이 그랬던 것처럼 달걀이라도 부화시켜야겠다는 생각이 문득 들었다. 작은 생명이라도 탄생시키면 또 다른 희망이 생길 것 같은 마음에 부화기를 구하고 유정

란을 얻어왔다. 이러한 일도 일찍 삶터를 산골짜기로 옮겨왔기에 가능한 일이었다.

무슨 일이든 꼭히 마음먹은 대로 되는 것도 아니고 몸부림친다고 이루어지는 것은 아니겠지만, 어미 닭 대신 나의 체온 36.5에다 사랑의 온도를 더하면 부화를 못 시킬 일도 없으리라. 부화기에 달걀을 넣고 21일이 되면 태어날 병아리들을 위해 적정한 온도와 습도를 맞추어가며 하루에도 수십 번씩 뚜껑을 열어보며 내 마음의 온기도 끌어올렸다.

스무 날쯤 지나자 세상 밖으로 나올 시간이 되었는지 '삐약, 삐약' 작은 소리가 들렸다. 부화기를 열어보니 달걀 몇 개는 실금이 가고, 몇 개는 자그마한 구멍이 나 있었다. 안에서 톡톡 쪼면 어미 닭이 밖에서 쪼아주는 줄탁동시가 아니었기에 세상 밖으로 나오기 위해 병아리들은 외롭고 힘겨운 사투를 벌였다. 약하디약한 병아리들에게 그 순간만큼은 아무것도 해줄 수 없음이 안타까울 뿐이었다. 처절한 몸부림 끝에 부화한 식구가 한 마리씩 늘어나기 시작했다.

새 생명의 탄생은 참으로 경이로웠다. 앞을 다투어 부화가 되었지만, 예정일을 넘기고도 달걀인 채로 남은 것이 몇 개 되었다. 버리려다 혹시나 해서 그냥 두었더니 나흘쯤 지나자 한 마리씩 껍질을 쪼아대기 시작했다. 먼저 나온 친구들보다 유독 작아 보이는 마흔 번째의 병아리는 겨우 부리만 밖으로 내놓고 숨을 깔딱거렸다. 살펴보니 속껍질의 얇은 조직이 말라붙어 있었다. 핀셋으로 파각을 도와주자 겨우 세상으로 나왔지만 한 마리는 한쪽 다리를 못 쓰고, 또 한 마리는 아예 딛고 서지를 못했다.

바닥에 배를 대고 파닥거리다 보니 먼저 나온 병아리들에게 짓밟히기 일쑤였다. 먹이를 제대로 먹을 수도 없었다. 할 수 없이 두 마리를 다른 통에 분리하여 온갖 정성을 쏟았다. 다리에는 나무젓가락으로 부목을 대어 깁스를 하고 홍삼진액을 물에 희석하여 먹이기도 했다. 보름쯤 지나자 힘겹게 일어서 절룩이더니 차츰 움직임도 활발해졌다. 그때서야 다른 병아리들과 합류해도 무리가 없을 듯하여 육추장育雛場으로 옮겼다.

닭들이 크면 살아갈 온전한 집이 필요하여 닭장을 짓기로 했다. 천적인 쥐와 두더지로부터 보호하기 위하여 땅을 파 철망을 깐 후 다시 흙으로 덮었다. 파이프로 네 기둥을 세우고 패널로 지붕도 올렸다. 바닥과 지붕 사이에는 철망으로 울타리를 친 후 거센 산바람을 막아줄 비닐도 한 겹 더 둘렀다. 바닥에는 왕겨를 깔고 자동 모이통과 깨끗한 물 공급을 위하여 자동 급수기도 달았다. 횃대까지 갖추고 나니 닭들의 아늑한 보금자리가 되었다.

사람과 사람 사이의 거리는 좀체 좁혀지지 않는데 봄은 어김없이 오고 있었다. 날씨가 따뜻해지니 이젠 마음껏 뛰어놀 수 있는 놀이터를 만들어 주고 싶었다. 호두나무와 블랙베리 나무를 중심으로 넓게 자리를 잡았다. 구덩이를 파서 기둥을 세우고 사방으로 그물망을 쳤다.

　오늘은 봄 향기 가득한 나물들을 채취한다. 오가피, 당귀, 취나물, 돌나물 등이다. 잘게 썰어 닭장 속에 간식으로 넣어준다. 멸치 대가리와 잘게 썬 당근은 닭들의 특식이다. 어미를 알아보듯 이제 나의 발자국 소리만 들어도 닭들이 야단법석이다. 앞으로는 두 그루의 나무 그늘 아래서 꿈틀대는 지렁이와 온갖 벌레도 잡아먹을 것이다. 초여름이면 흐드러지게 익어 떨어지는 블랙베리도 그들 차지가 되리라.

　지루하게 반복되는 날들과 불확실한 미래로 힘들게 느껴졌던 일상들이 백일동안 하루하루의 조각들을 붙여 희망이라는 모자이크를 완성 시킨 느낌이다. 병아리의 부화로 분명 어제와 다른 오늘이다. 날빛으로 팽팽하게 부풀어 오르는 이 환한 봄날, 내 삶에도 희망의 부활을 꿈꾸어 본다.

　새벽을 알리는 수탉의 울음소리가 우렁차다.

종신보험

한 뼘은 족히 더 올라선 하늘이다. 호숫가에는 노란 물감을 뒤집어쓴 은행나무와 붉게 타오르는 단풍나무의 고운 이파리들이 소복이 내려앉아 있다.

오늘도 어김없이 호수 저편에서 노부부가 걸어오고 있다. 할아버지의 손을 꼭 쥔 채 한 걸음씩 내딛는 할머니의 발걸음이 몹시 힘들어 보인다. 할머니의 이마에는 송글송글 땀방울이 맺혀있고, 말을 하려는 듯 계속 입을 오물거리지만 무슨 말인지 알아들을 수가 없다. 할머니의 표정에서 언어를 읽어낸 할아버지는 오랜 세월 비바람에 낡고 바랜 나무 벤치에 할머니를 얼른 앉힌다. 허공에 걸린 할머니의 눈동자와 대화를 나누던 할아버지는 입가에 흐르는 침을 닦아준다. 흘러내린 머리카락을 걸어 올리며 노란 은행잎 하나를 주워 할머니에게 건네기도 한다.

"할아버지, 할머니 수발이 힘들지 않으세요?"

"괜찮아. 이젠 이력이 나서."

"며느님이나 따님은 없으세요?"

"응, 멀리 있어서 자주 올 수 없어."

"할머니께 어쩌면 그렇게 한결같으세요?"

멋쩍은 듯 할아버지는 대답을 않고 다른 말을 하신다.

"그런데 말이야. 얼마 전에 내가 콩나물을 다듬는데 이 할망구가 몸도 성치 않은데 제 딴엔 돕는다고 콩나물을 어설프게 다듬는 모습이 얼마나 귀엽던지……."

못 둑 위를 걸으며 나와의 대화를 듣던 사람들의 시선이 일제히 할머니의 손등에 가 꽂힌다. 삶의 연륜이 눅진눅진 배어 나오는 할머니의 퉁퉁 부은 손등에는 저승꽃이 군데군데 피어 있다.

할머니는 뇌출혈로 쓰러졌다고 한다. 죽음과도 같은 침묵의 날들을 지낸 후 힘겹게 내뱉은 첫말과 시지프스의 바윗돌 같은 첫 동작이 그렇게 고마울 수가 없었다고 한다. 여자로서의 상실감이 얼마나 컸었겠냐며 몸부림치는 아내에게 밤낮으로 지극한 정성과 사랑을 수혈하여 간신히 삶의 의욕을 되찾을 수가 있었다고 한다. 젊음을 가족들에게 헌신적으로 바치고 지병으로 쓰러진 아내의 간병을 차마 다른 이의 손에 맡겨둘 수가 없더라는 말도 덧붙인다.

부부는 사랑만으로 사는 것이 아니라 측은지심으로 산다고 한다. 그리고 함께 만들고 가꾸어온 역사로 산다고 하지 않는가.

어쩌면 그 노부부도 살아오면서 더러는 갈등하고 더러는 아파한 적도 많았을 것이다. 때로는 연민과 사랑으로 많은 잘못들을 서로 용서하고 이해도 했을 것이다.

한때는 아내의 연인이었다가 또 남편이었다가 이젠 아내의 아버지가 된 할아버지다. 하루도 빠짐없이 아내를 운동시키며 둑길의 작은 풀꽃에게, 때로는 줄지어 선 아름드리 나무에게 아내의 회복을 위해 수없이 기도도 했을 것이다.

부부가 살아가는데 가장 필요한 것은 서로에 대한 신뢰와 배려하는 마음이다. 오랜 세월 해로한 부부의 가슴속에 사랑하는 마음이 남아 있다는 것만큼 아름다운 일이 어디 있으랴.

천리를 동행하여도 두렵지 않고 병들거나 환란이 닥쳤을 때 함께 해줄 배우자가 곁에 있음은 삶의 종신보험에 가입해둔 것과 같지 않을까 싶다. 오십 년을 함께 살고서도 병든 몸도 귀엽게 보일 수 있음은 보장성이 강한 든든한 보험에 가입한 때문이리라.

짙어 가는 가을, 속절없이 떨어지는 낙엽들의 짧은 비행을 보며, 내 삶은 얼마나 든든한 종신보험에 가입했나 돌이켜본다.

시간에 대하여

　텔레비전에서는 오락 프로그램이 한창 진행 중이었다. 20여 명의 출연자에게 던져진 화두는 '세월 5년'과 '돈 5억'이었다. 이루어질 수 없는 일이겠지만 5년의 세월을 되돌려 받을 것인가, 아니면 돈 5억을 받을 것인가 둘 중 하나를 택하는 것이었다. 이십 대에서 오십 대 초반까지 두루 섞인 출연자들의 견해는 극명하게 갈렸다.
　젊은 출연자들은 하나같이 5억 원이라는 돈을 선택했다. 그 돈으로 먼저 외제 스포츠카를 구입하여 세상을 멋들어지게 한번 살아보고 싶다고 했다. 그러나 사십 대 후반이나 오십 대의 출연자들은 5년이라는 세월을 선택했다. 돈은 다시 벌면 되지만 살아가면서 돈으로 해결할 수 없는 것이 세월이라면서 만약 5년 전으로 되돌릴 수만 있다면 먹고 사는 일에만 급급할 것이 아니라 삶을 진정 보람되고 가치 있게 살아보고 싶다고 했다.

프로그램을 함께 시청하던 아들과 딸은 여지없이 돈 5억을 선택했고, 남편은 5년의 세월을 되돌려 받는 것을 선택했다. 출연자 중에는 한국인으로 귀화하여 유명 연예인이 된 사람도 있었다. 그 출연자는 분위기로 본다면 분명 5년의 세월을 선택해야 할 나이였다. 그러나 그는 속물이라 생각하겠지만 그래도 돈 5억 원을 선택하겠다며 당당하게 말했다. 5년이란 시간을 무상으로 되돌려 주거나 골백번 다시 태어나도 현재의 꼬락서니로는 삶이 별반 달라지지 않을 것이라고 했다. 되돌려진 귀한 세월을 또 낭비해 버릴 것이라면 차라리 돈 5억 원을 받아서 건강도 가꾸고 허허롭기 그지없는 안뜰을 가꾸겠다고 했다. 그의 논리적인 견해에 일면으로 공감이 갔다.

평소에 나는 바쁘다는 말을 곧잘 해왔다. 습관적으로 바쁘다는 소리를 입에 달고 다닌 내 삶 속에 무엇이 그리 바빴는지 가만히 들여다보면 정작 이뤄놓은 것은 아무것도 없다. 모든 일은 모두 소멸되어 버리고 빈손인 것이 공허하기 그지없다. 이런 삶의 허무나 회의감이 유독 나에게만 찾아오는 것은 아니겠지만, 단 한 장의 달력이 팔랑이는 송년이 되면 허무감은 더욱 심해지기 마련이다.

해는 저물고 어둠살이 스며들어 어슬어슬 한기를 느껴지던 어느 초겨울 저녁, 한 통의 전화를 받았다. 다른 지역에서 사목하는 신부님이었다. 십 년 전쯤 대구 인근 부대에서 사병으로 근무를 할 때 도움을 많이 받았던 할머니를 찾는다고 했다. 할머니는 팔순의 나이에도 낮에는 폐품을 주워 팔고, 밤에는 유흥업소 입구에서 껌을 팔았다고 한다. 누추하기 그지없는 단칸방에 살면서도 오갈 데 없는 병든 할머니를 데려와 병수발까지 했다는 것이다. 정작 할머니보다 더 젊은 할머니를 부양하면서도 어렵고 그늘진 곳이 있으면 힘들게 번 돈을 아낌없이 내놓으셨다고 했다.

신학교에 다니다 군입대하여 군종병으로 근무한 그는, 한 달에 한 번씩 외부인들이 참석할 수 있는 미사에서 할머니를 만났다. 낙타처럼 휘어져 버린 등에 무거운 걸음으로 미사에 참석하는 할머니의 돈을 차마 받을 수가 없었다. 그러나 책을 많이 읽고 훌륭한 성직자가 되길 바란다며 책상 서랍에 노란 봉투를 놓고 가셨다. 한 달도 빠짐없이 투입된 할머니의 사랑은 그의 핏속에 용해되어 간간이 흔들리거나 좌절될 때마다 그를 깨우치는 채찍이 되었다고 한다.

제대한 후에도 신학생 신분이라 달리 보은할 길이 없어 할머니를 위해 할 수 있는 것이라고는 기도밖에 없었다고 한다. 이제 사제가 되어 조그만 보답이라도 하려고 할머니를 찾았지만 어디에서도 소식을 들을 수가 없었다. 할머니는 사제의 십 년이란 시간 속에 함께 계셨고, 앞으로도 사제의 기억 속에 영원히 살아 계실 것이다. 이처럼 공평하게 주어진 시간과 삶을 뜨겁게 사랑한 사람이 있는가 하면, 습관적으로 자신에게 허락된 시간을 함부로 낭비해버리는 이도 있다.

어제 죽은 이가 그토록 그리던 내일이 바로 오늘이다. 다시 돌려받을 수 없는 금싸라기 같은 귀한 시간은 이제 자박자박 내게서 떠나갈 것이고, 이에 반비례하여 시간의 가치는 더욱 높아질 것이다. 영화에서 빠삐용은 '내게 죄가 있다면 시간을 낭비한 죄가 제일 크다'라고 했다.

인간이 가진 것 중에서 가장 귀한 것은 삶이며, 그 삶 속에서 가장 중요한 것은 시간이라고 한다. 그리고 보면 내 아무리 세상의 중심에 선 듯 오만한 착각으로 분주하게 산다 할지라도, 그 분주함에 비하여 아무것도 내어놓을 것이 없는 나의 빈손이 몹시 부끄러운 송년이다.

대오大悟

 스님은 부지런히 달마대사의 눈을 그려 넣고 있었다. 여러 장의 달마대사를 동시에 그렸지만 눈동자를 찍는 부위와 크기에 따라 달마대사의 표정이 달라 보였다. 스님은 완성된 그림에 '대오 달마대사'라는 축원을 쓰고 낙관을 찍은 뒤 나에게 주셨다. 내 손에 달마대사를 안겨주신 스님은, 각자의 종교가 다른 것은 주어진 텃밭에 사과나무를 심느냐, 모과나무를 심느냐의 차이라고 하시면서 그 주어진 마음 밭을 얼마나 잘 가꾸느냐에 따라 각자의 삶이 달라질 것이라 하셨다.
 대오大悟! 번뇌에서 벗어나 진리를 크게 깨닫는다는 뜻이다. 그때부터 머릿속은 온통 그 단어로 가득하였다. 벽에 붙여둔 '대오 달마대사'를 본 남편은 "당신은 참으로 복 많이 받겠구려. 하느님도 믿고 부처님도 믿어서."라며 웃었다. 그것이 어디 종교적인 의미로만 해석할 수 있겠는가. 나는 '대오'라는 낱말이 주는 메시지를 채찍 삼아 부족한 내 의식을 두드리며 거듭 반성하고 뉘우쳐 깨달음에 한 걸음씩 다가가고 싶을 뿐이다.

몇 해 전, 일주일에 한 번씩 무료급식소 봉사를 다닌 적이 있다. 평소에는 주방에서 설거지를 맡았지만 그 날은 배식을 담당하게 되었다. 밥을 먹기 위해 줄지어선 사람들은 대개 나이든 노인들이지만 젊은 부랑자들도 더러 있었다.

그날따라 유난히 사람들이 많았다. 아무래도 음식이 부족할 것 같아 줄지어 선 사람들과 남은 음식량을 조절해가며 배식을 해야 했다. 음식이 거의 떨어져 갈 무렵이었다. 먼저 자리에 앉아 부지런히 밥을 먹던 50대 중년 남자가 끼어들기를 하여 큰 플라스틱 통을 살짝 내밀었다. 차례를 기다리는 사람들도 많은데 가져갈 것까지 챙기는 그가 얄미운 생각이 들었다. 수북이 뜨인 주걱의 밥을 싹 깎아내어 주었더니 조금만 더 달라며 사정하였다. "다른 사람은 생각도 않고 그렇게 욕심을 부리느냐?"며 나는 큰 소리를 내고야 말았다. 순간, 그의 얼굴에서 내동댕이쳐지는 절망감과 달팽이처럼 움츠려 드는 자존심을 보았다. 알고 보니 행려병자였다. 도시락을 넣는 가방은 그의 옷장이었으며, 주방이기도 하여 그의 전 재산이나 다름없었다. 얻어 가는 밥 한 그릇은 하루를 이어가는 생명줄이었다. 그리고 보면 봉사라는 명분 아래 나는 그의 가슴에 큰 상처만 안겨준 꼴이 되었다.

아무리 두 눈 부릅뜨고 세상을 바라보지만 정작 눈으로 볼 수 있는 것은 정작 얼마겠는가. 실로 외눈박이였던 나의 내면을 누군가 몰래 영상으로 찍어 펼쳐 놓는다면 도무지 자신이 없다. 내 눈에 든 들보는 보지 못한 채 남의 눈에 든 티끌은 용케도 찾아내기 때문이다.

아시시 성 프란치스코 성인은 들꽃 앞에 무릎을 꿇어 '저는 들꽃보다 더 보잘것없는 존재이오니 부디 겸손으로 이끌어주소서'라는 기도로 교만을 잠재웠다고 한다.

오늘도 '대오'라는 단어를 보며 하루를 조용히 성찰해본다. 언제나 나를 괴롭히는 것은 외부의 어떤 것들이 아니라 고정관심에 길들여져 주변을 외면하는 인색함과 편리한 대로 이해하고 해석하는 교만하고 이기적인 내면이다.

이제는 들뜸과 산만함을 버리고 고요함 속에서 겸허한 삶을 살아야겠다고 다짐해본다.

흔적

대구에서 출발한 버스는 청도 시외버스정류장으로 들어선다. 정류장 가장자리에는 큰 은행나무가 한 그루 서 있다. 짙은 황금빛 은행잎이 팔랑이며 몇 개 떨어진다. 소매 끝에 스치는 바람이 제법 쌀쌀하다.

사람들이 햇살 좋은 마루에 앉거나 엉거주춤하게 선 채 내가 타고 가는 버스를 기다리고 있는 중이다. 대부분이 나이가 든 노인들이다. 추석 대목 장날이어선지 들고 있는 짐들이 많다. 노인들은 검고 거친 피부에 온통 검버섯이 피어 삶의 여정이 그대로 드러난다. 서서히 정차하는 버스를 향해 서두르는 그들의 뒤틀린 허리와 절뚝거리는 걸음걸이는 어둔하기가 그지없다, 아마 지역 특산물 재배로 비닐하우스 병을 톡톡히도 앓고 있는 듯하다.

하나둘씩 객지로 떠나버려 젊은이들이라고는 찾아볼 수 없는 적막한 마을을 지키고 있는 그들에겐 그저 쓸쓸함과 외로움만 배어 나올 뿐이다. 젊은 시절에 가졌을 그들의 찬란한 꿈과 희망은 소멸되고 처연한 허무만이 남아 있는 듯하다. 분주한 삶에 정신없이 떠밀려 만고풍상을 다 겪었을 그들은, 밤마다 찾아오는 육신의 피로와 허전함을 몇 번이나 갈아엎었을지도 모를 일이다. 그러고도 다가오는 명절에 찾아올 자식에게 더 줄 것이 남았는지 온전치 못한 몸으로 두 손 무겁도록 많은 짐을 들고 버스에 오른다.

금세 만원이다. 쇠약해진 그들은 흔들리는 차 안에서 중심 잡기도 버겁다. 서로 밀고 밀리는 몸짓만큼이나 커진 목소리와 오가는 눈빛에는 젊음과 바꾼 품앗이의 정겨움만 살아있을 뿐이다.

버스는 몇 번이나 가다 서다를 반복한다. 나는 밖의 풍경에 넋을 팔면서 흔들리는 버스에 몸을 맡기고 있다. 실개천이 흐르고, 저 건너 논둑길 끝에는 마을이 있고, 떡갈나무 아래 정자도 보인다. 내가 어렸을 때 학교 갔다 돌아올 때면 정자에 노시던 할머니는 치마폭에 숨겨둔 찐 감자 하나를 주시곤 하셨다.

저 멀리 산기슭에 할아버지께서 일구신 화전이 보인다. 어머니는 늘 하얀 수건을 쓰고 저 밭에서 일을 하셨다. 아버지는 어머니가 수확하신 것을 하얀 달빛이 내리는 시간까지 부지런히 등짐으로 져나르셨다. 구불구불 산길에 새겨진 아버지의 발자취에 온몸이 저려온다. 오랜 세월이 흐른 지금에 와서 생각해도 가슴 풋풋하고 정겨운 곳이다.

굴삭기의 사나운 소리가 진동하고 덤프트럭의 발걸음이 바쁘다. 너덜너덜 산 껍질은 벗겨지고 속살이 벌겋게 보인다. 산은 관통한 상처에 신음하며 고통을 호소하는 듯하다. 내가 태어났을 때 저렇게 있었고, 내가 죽은 후에도 저렇게 있으리라 굳게 믿었던 산과 들은 인간의 이기에 의하여 사정없이 무너지고 있다.

친정집은 동네 가운데쯤에 있다. 툇마루에 눕거나 앉아도 앞산이 보이고 흐르는 강물과 굽이진 논두렁도 보인다. 일터에서 돌아오신 아버지는 언제나 툇마루에 앉아 땀을 식히며 아름다운 정경들을 바라보곤 하셨다.

친정으로 들어선다. 고소한 냄새가 코를 자극한다. 오늘은 아버지의 기일이다.

오래전, 아버지는 담담한 표정으로 자신의 운명을 예측이나 하신 듯 스스로 발걸음을 재촉하여 종합병원으로 가셨다. 가슴에 듬성듬성 기운 상처를 안고 산소마스크를 낀 채 중환자실에 누워서도 강 건너 보리타작 걱정을 하셨다. 병원에 가신 지 보름만에 구급차에 실려 집으로 돌아오신 아버지는 툇마루가 딸린 방에서 산소마스크를 떼자 의식의 끈을 놓으셨다. 흰 두루마기를 지붕 위에 던져 올림으로 아버지의 영원한 부재를 동네에 알려야 했다. 평소 아버지는 문맹인 이웃 할머니들의 남편이었다.

배달된 고지서나 우편물을 손에 쥔 이웃 할머니들에게는 아버지의 죽음은 더욱 답답하고 어두운 세상이 되게 하였다.

아버지가 태어나셨고 온갖 희로애락이 묻은 당신의 영원한 둥지였던 친정집은 아버지와 함께 사라지고 새집이 들어섰다. 차디찬 봉분을 쓸며 단 하루도 못살 것 같이 곡을 쏟으며 그렇게도 애통해하던 어머니의 슬픔도, 아버지에 대한 그리움에 몸부림을 치며 몸살처럼 앓았던 나의 통한도 시간이 갈수록 차츰 엷어져 갔다.

어머니의 몸놀림이 분주하다. 간간이 흘러나오는 웃음소리를 섞어 온갖 제수로 상을 차린다. 아버지가 살아생전 드셔보지 못한 음식들이 가득하다. 절망과 아득한 그리움으로 가슴에 문신처럼 새겨져 있던 아버지의 흔적들이 서서히 지워져 가고 있다.

못

골목은 한적했다. 꽃이 지고 잎이 무성한 라일락 더미 위에 새 한 마리가 울더니 인기척에 어디론가 날아갔다. 오늘은 집을 나서면서 아예 일자 드라이브까지 챙겼다.

사흘 전 오후였다. 종일 비가 부슬부슬 내려 볼일을 미루다가 동네 시장에 찬거리를 사러 나갔다. 이것저것 사고 보니 두 손이 모자랐다. 우산을 받쳐 든 손과 짐을 든 손을 이쪽저쪽 번갈아 가며 오르막길로 접어들었다. 샛길은 경사가 심해 평소에도 다리가 팍팍했다.

가쁜 숨을 내쉬며 오르는데 굵은 나사못 하나가 눈에 띄었다. 마른 길도 아니고, 젖은 길에 어떻게 눈에 띄었는지 모르겠지만 못을 줍고 나니 그 옆에는 또 다른 못이 눈에 띄었다. 둘러보니 크기와 모양이 다른 여러 종류의 못들이 여기저기 흩어져 있었다. 주위에 공사장이 있나 살펴보았지만 그것도 아니었다.

출처를 알 수 없는 많은 못을 보니 아찔한 생각이 들었다. 뾰족하고 날카로운 모습으로 길거리에 널브러져 있는 못을 보니 상처라는 낱말이 먼저 떠올랐다. 저렇게 버려져 있다가는 어딘가에 상처를 줄 것이 불을 보듯 뻔하기 때문이다.

비에 젖은 길에는 짐을 내려놓을 곳이 마땅하지 않았다. 할 수 없이 한 손에는 짐을 들고 목과 어깨 사이에는 우산을 끼우고 우스꽝스러운 자세로 못을 줍기 시작했다. 길가에 주차된 승용차들이 조금만 움직여도 타이어의 살 속 깊이 나사못이 파고들 것만 같았다. 차 밑에 있는 못들은 허리춤이 젖도록 손을 뻗어 보았지만 역부족이었다. 손이 닿는 곳의 못들을 대충 주워도 한 움큼이나 되었다.

다음 날은 비 온 뒤의 눅눅함을 햇살이 말리고 있었다. 자리에서 일어나자 문득 전날 본 못 생각이 났다. 골목으로 나가기 위해 집을 나서는데 남편은 아무나 쉽게 하지 않는 선행이라고 격려했다. 그러나 딸은 오십 대 아줌마의 오지랖이라며 핀잔했다. 승용차들이 빠져나간 자리와 고스란히 비를 맞은 자리는 경계가 선명했다. 유난히 정갈해 보이는 파란색 대문과 그 옆의 붉은 벽돌로 된 집의 담벼락 옆에 주차되었다가 빠져나간 자리에서 또 여남은 개의 못을 더 주웠다.

오늘도 잠자리에서 일어나자 습관적으로 발걸음은 그 골목으로 향했다. 드라이버를 겨드랑이에 끼고 사흘째 길바닥을 훑고 있는 나에게 이웃들은 도대체 무얼 잃어버렸는데 그렇게 열심히 찾느냐고 물었다. 못을 줍기 위해서라고 하면 딸의 핀잔처럼 오지랖 넓은 여편네라 할 것 같아 대충 얼버무렸다. 세 개의 못을 더 주웠다. 사방을 훑어보아도 더 이상은 보이지 않았다.

돌아오는 길에 못이 깊이 박혀 있는 곳으로 갔다. 아스팔트에 몸통은 깊이 박혀 있고, 대가리만 조금 드러나 있던 것을 어제 보고는 드라이브까지 아예 챙겨 나온 것이다. 아스팔트는 못에 찔린 채 그저 침묵하고 있는데 그것을 바라보는 내 가슴이 더 아팠다. 칼을 들어 암부를 절개하는 의사처럼 나는 드라이브로 그 못을 빼기 시작했다. 간신히 못을 빼고 보니 아스팔트에 커다란 구멍이 생겼다. 어쩌면 아스팔트의 상처도 이젠 꾸들꾸들 아물기 시작하여 삶의 일부가 되었을지도 모르는데 나는 그 못을 빼려다가 아스팔트에 더 큰 상처만 안겨준 셈이 되었다.

사람과의 관계에서도 이와 다를 바 무엇이랴. 상처는 친밀감을 먹고 자란다고 한다. 가끔 소중한 가족이나 가까운 사람들에게 단물을 풀어 정을 낸다는 것이 본의 아니게 더 큰 상처를 남기기도 하니 말이다.

작은 배려

여행지에서 색다른 수세미를 샀다. 고운 색깔의 털실로 한 올 한 올 뜬 수세미여서 지금까지 사용하던 여느 수세미와는 달랐다. 항균성이 뛰어나고 세제를 사용하지 않아도 되는 친환경 수세미라고 했다.

오랫동안 주부습진으로 고생하는 친구가 생각나서 성큼 집어 들고나니 이리저리 마음에 걸리는 사람이 한둘이 아니었다. 그래서 몇 개를 고르다 아예 수세미를 짜는 털실까지 몇 타래 더 샀다. 동행한 친구는 여행 와서 웬 수세미 보따리냐고 핀잔을 줬다. 나의 조그만 수고가 우리가 살아가는 지구를 지키는 길이 되지 않겠냐는 의미를 부여하며 변명했다.

며칠 동안 밤늦은 시간까지 수세미를 떴다. 뜨개질을 제대로 할 줄 몰라 어설프고 시간도 오래 걸렸지만, 수세미를 전해 받을 이들을 떠올리며 한 코 한 코 정성을 다했다.

수세미를 받아갔던 한 친구에게서 전화가 왔다. 인사말은 생략한 채 평소 성격만큼이나 까칠하고 냉정한 투로 말했다.

"그저께 네가 준 수세미의 의미가 도대체 뭐꼬?"

나의 의도와는 전혀 다르게 친구에게 전해졌다는 것이 그저 황당할 뿐이었다.

언젠가 길을 가다가 USB를 주운 적이 있다. 황금빛으로 도금된 USB는 내가 소유한 것과는 비교가 되지 않을 만치 용량이 몇 배나 컸다. 큰 용량에 비해 크기는 다른 USB의 절반밖에 되지 않을 만치 작고 예뻤다. 견물생심이라고 마음에 드는 USB를 손에 쥐니 슬그머니 욕심이 나서 가치관에 균열이 오기 시작했다.

그러나 그 속에 없어서는 안 될 아주 중요한 자료가 저장되어 있을지도 모른다는 생각이 들었다. 주인을 찾아 되돌려 주어야겠다는 생각이 들었지만, 주인이 누구인지 알 길이 없었다. 메모리 된 내용을 검색하면 주인을 찾을 수 있을 것 같아 컴퓨터에 연결하려니 아이들이 펄쩍 뛰었다. 요즘은 정보를 열어봤다고 찾아주고도 오히려 호되게 당할 수도 있다는 것이다.

평소 동기가 선이면 결과도 선이라 생각해온 나는 아이들의 만류에도 불구하고 저장된 자료에서 연락이 될 만한 곳이 있을까 싶어 살펴보았다. 대리점의 거래내역과 판매실적, 시장조사 보고서와 약국들의 정보가 많이 저장되어 있는 걸로 보아 제약회사인 듯했다. 그쪽 업무에 전혀 문외한인 내가 보기에도 없어서는 안 될 중요한 자료인 것 같았다.

주인의 연락처를 찾을 수 없어 문서 작성자가 써놓은 거래처를 중심으로 일일이 전화를 했다. 오전 시간을 송두리째 투자하고서야 USB의 주인과 겨우 연결되었다. 정작 주인은 잃어버린 사실조차 모르고 있었다.

한 시간이 지난 후 만나기로 한 장소에 나갔지만, 사람은 오지 않고 전화가 왔다. 부지런히 가고 있으니 시간을 아끼기 위하여 자리를 이동하여 자신의 거래처와 가까운 곳으로 다시 와줄 수 없느냐고 했다.

기꺼이 그러겠노라며 승용차로 10여 분이 걸리는 장소로 옮겨서 기다리니 또 전화가 왔다. 늦었다며 일단 양해를 구하고는 지나간 길을 다시 되돌아 나오면 자신의 거래처가 있으니 그곳에 가서 조금만 더 기다려달라고 했다.

두 번째의 약속장소에도 나오지 않고 이제는 세 번째의 장소로 이동해달라는 전화에 슬며시 부아가 나기 시작했다. 이 양반이 도대체 무슨 배짱으로 이러는가 싶었다. USB를 잃어버린 사람의 심정을 헤아려 오늘 처리해야 할 바쁜 일도 접어두고 급히 나왔건만 괜히 오지랖 넓은 짓을 했구나 싶어 당장 그 자리를 박차고 나와 버리고 싶었다. 그러나 선과 양심 운운하며 아이들을 나무랐던 생각이 떠올라 조금만 더 기다리기로 했다.

한참을 기다려도 사람은 오지 않고 다시 10분만 더 기다려 달라는 전화가 왔다. 참 어처구니도 없고 농락당하는 기분까지 들었지만, 요즘처럼 직장 구하기 힘든 시기에 한 젊은이의 실직을 막을 수도 있겠다며 꾹꾹 눌러 참고 기다린 지 10분의 곱절이 지나서야 나타났다.

시간이 많이 지체되어 USB만 전하고 급히 문을 나서는데 그는 나에게 백배의 사죄를 했다. 자신이 근무하는 회사직원들은 세일즈와 배달을 하다 보면 크고 작은 물건들을 잃어버리기가 부지기수라고 했다. 그때마다 물건을 주운 사람은 돌려줄 때는 어김없이 보상금을 요구하더라는 것이다.

이번에도 다르지 않을 것이라 단정하고 별로 중요한 자료가 아닌 것처럼 일부러 시큰둥하게 반응하고 시간을 끌었다는 것이다. 사실은 USB는 없어서는 안 될 아주 중요한 자료가 들었다는 말에 씁쓸한 마음을 지울 수가 없었다.

삶을 살아가면서 가장 가치로운 일은 상대를 배려하는 일이며, 가장 아름다운 일은 자신이 처한 위치에서 사랑을 분배하는 일이라고 생각해 왔었다. 그러나 세상은 아무리 그 의도가 순수하고 선일지라도 선으로 봐주지 않는 듯하다. 오히려 진실은 점점 더 왜곡되어 이젠 그 의미마저 희미하게 퇴색되어 가는 것 같은 요즈음, 누군가 한탄하듯 내뱉던 소리가 무심히 떠오른다.

'종교인들은 밝은 세상을 부르짖고, 예술가들은 아름다운 삶을 추구합니다. 요즘은 어디를 가나 종교인들이 넘쳐나고 예술

가들이 판을 치지만 세상은 왜 이리 더 험난하고 살기가 더 각박해지는 것입니까?'

먼 길

"뭐 하노?"

몇 년 만에 하는 통화지만 친구는 마치 어제 만났다가 헤어진 것처럼 다정했다.

"미안하다, 내가 이리 무심타."

몇 달 전 친구에게서 '차나 한잔하자'는 문자를 받았었다. 하던 일을 마무리하고 답을 한다는 것이 차일피일 미루다가 또다시 전화를 받게 된 것이다.

"그리 바쁘나?"

모든 안부는 생략된 친구의 말이었다.

내 앞에 앉은 친구는 꽃샘추위가 채 가시지도 않은 이른 봄인데도 노란색 원피스를 입고 있었다. 다소 수척해진 친구는 마치 하늘로 사뿐 날아오를 것처럼 가벼워 보였다. 그 가벼움을 누르고 있는 것은 쓰고 있던 베이지색 모자였다.

"모자 벗지?"

나직하게 말하며 모자에 손을 대자 화들짝 놀라며 손을 저었다.

푹신한 소파에 살짝 걸터앉은 친구는 커피가 싸늘히 식도록 입에 대지 않았다. 무슨 말을 할 듯 말 듯 한참을 머뭇거리더니 친구가 불쑥 한마디 내뱉었다.

"너는 지금껏 누군가를 지독히 미워해 본 적 있나?"

"아니, 느닷없이 뭔 소리고?"

친구의 남편은 자신을 현직에서 밀어낸 사람들에 대한 적개심으로 이글거렸다고 한다. 그것을 지켜보는 가족들은 덩달아 화상을 입기도 했다. 좀처럼 원만해질 줄 모르는 남편의 성격 탓에 사는 것이 숨 막혀 죽을 지경에서도 친구는 홀시어머니와 이혼한 시동생의 자식까지 키워야 했다. 팔자 탓으로 여기며 스스로 위로를 하지만 삶의 가시밭길은 도무지 끝이 보이지 않았다고 했다.

남편이 타인을 향해 적개심을 드러내었듯이 친구는 그런 남편에 대한 미움이 점점 커져만 갔다. 그렇게 수년 동안 가슴속에 서식했던 미움과 증오가 결국에는 종양이 된 게 아니겠냐고 했다. 친구는 싸늘히 식은 커피로 입술을 적시며 쓴웃음을 지었다.

수술날짜를 잡아놓고 벼랑 끝에 선 절박한 심정으로 나에게 문자메시지를 보냈다는 것이다. 그러나 돌아온 건 묵묵부답이었다며 아직도 나에게 대한 서운한 기색을 감추지 않았다.

몇 차례의 항암치료를 마치고 잠자는 시간 외에는 모자를 써야 하는 아내가 측은했는지 남편은 평소 성격과는 달리 지극정성으로 간병했다. 그런 남편의 모습을 보고서야 친구는 처음부터 남편은 온몸으로 뚝배기 사랑을 했고, 친구는 머리로 계산기 사랑을 했었다는 걸 뒤늦게 깨달았다는 것이다.

오래전, 친구가 성당에서 견진성사를 받을 때 나는 친구의 대모가 되었다. 그리스신화에서 유래된 멘토와 멘티처럼 대모는 대녀의 영적인 조언자가 되어 신앙을 잘 이끌어주는 역할을 해야 한다. 한 사람의 멘토가 되기로 한 나는 친구가 절박함 속에서 헤맬 때 바쁘다는 이유로 소홀했었다.

언젠가 간담회에서 한 청년이 김수환 추기경에게 질문했다. 사목을 위하여 많은 나라를 방문하셨는데 가장 멀었던 곳이 어디에서 어디까지며 그 거리가 얼마냐고 물었다. 김수환 추기경께서는 가장 멀었던 곳은 머리와 가슴까지며, 그 거리는 30cm라고 하셨다. 무슨 일에서나 머리로는 늘 생각은 하지만 그 생각이 가슴까지 내려와 실천하기는 정말 힘들더라는 것이다.

내일이면 무슨 일이나 다 할 것처럼 나는 늘 거창하게 생각을 한다. 그러나 차일피일 미루다가 실천하지 못하고 후회했던 적이 많다. 그렇다고 세상을 변화시킬 만큼의 대단한 일도 아니고 그저 친구들에게 안부 전화 한 통 하는 것, 그 소소한 일들조차도 생각만으로 끝내버릴 때가 더 많았으니 이 일을 어쩌랴.

 아침이면 늘 다짐을 한다. 그러나 저녁이 되면 또 후회하는 자신을 보면 역시 내 머리에서 가슴까지의 길은 아득히 멀고도 먼 길이다.

오지랖

나에게는 지병이 있다. 그것은 누가 시키지 않아도 반사적으로 작동되는 오지랖이다. 병이되 병으로 여기지 않고 평생을 살아왔지만 때와 장소를 가리지 않고 발병하는 게 문제라면 문제다. 같은 유전인자를 타고나서인지 형제자매들도 나와 별반 다르지 않다.

지난겨울, 우리 세 자매는 베트남 여행을 마치고 하노이 공항에서 비행기 탑승수속을 밟고 있었다. 바로 뒤에는 대형 캐리어를 두어 개씩 소지한 베트남 청년 둘과 아가씨 두 명이 서 있었다. 스마트폰으로 지도검색을 하며 주고받는 표정이 매우 심각해 보였다. 베트남어를 알아들을 수는 없었지만, 대화 속에 '경산'이라는 걸로 봐서 아마 진량공단으로 취업 오는 모양이라고 짐작했다.

우리 세 자매는 누가 먼저랄 것도 없이 어디를 가느냐고 물었다. 한국어와 영어로 하니 그들이 알아듣지 못했고, 그들이 하는 베트남어는 우리가 알아듣지 못했다. 몇 마디 아는 낱말들과 몸짓을 총동원하였지만 소통은 쉽지 않았다. 한참을 주고받은 단어들과 표정으로 조합해보니 한국어를 배우러 오는 학생들이었다. 우리도 그 도시에 살고 있다고 하니 그들의 표정이 일시에 환해졌다. 그중에 '르엉 티용'이라는 여학생은 주고받은 손짓 발짓과 눈빛만으로도 정을 느꼈는지 공항 안에서 마주칠 때마다 '이모'라며 나의 품에 안겨 왔다. 이국에서 우리 지역으로 유학 온다는 사실과 착 감겨오는 붙임성은 우리 세 자매 특유의 오지랖에다 모성애까지 자극했다.

"유학 생활이 힘들 때 이 큰이모에게 전화하면 잘 도와줄 거야."

막냇동생이 르엉이라는 여학생에게 내 전화번호를 주며 말했다.

여행에서 돌아온 후 겨울 채비를 끝내고 조금 한가해지자 문득 베트남 학생들이 생각났다. 장정 한 사람쯤은 족히 들어가고도 남을 큰 캐리어와 많은 짐을 들고 말도 통하지 않는 초행길을 잘 찾아갔을지 궁금해졌다. 그렇다고 먼저 연락해볼 길도 없었다.

겨울이 깊어지자 한파가 닥쳤다. 이례 없는 강추위에 열대지방에서 온 학생들이 잘 견뎌내고 있는지 궁금하던 차에 르엉의 문자가 왔다. 한글로 보내온 문자인데도 과거형과 미래형이 뒤섞여 뜻을 제대로 이해할 수 없었다. 문자를 주고받느라 밤을 꼴딱 새고도 겨우 소통이 된 것은 이틀 후에 만날 시간과 장소를 정한 것이 전부였다.

약속해놓고 보니 형제들이 친정에서 모이기로 한 날과 겹쳤다. 연일 한파로 전국이 꽁꽁 얼어붙은 날씨여서 더욱 난감했다. 평소 스스로 선택한 일에 대해서는 좀체 후회하지 않는 성격이지만 이번만큼은 괜한 오지랖을 부렸다는 생각이 들었다. 그러나 하노이 공항에서 '잘 도와줄 것'이라 했던 동생의 말이 자꾸 마음에 걸렸다. 그렇다고 날짜를 바꾸려니 그것은 더욱더 힘든 일이었다.

약속장소에 나가보니 학생들은 생각보다 잘 적응해 나가는 듯했다. 한 달 정도 지나서인지 처음 만났을 때보다 소통이 조금 수월했다. 그들은 서로 앞다투어 본국의 부모들과 영상통화로 자신의 집을 보여주며 가족을 소개했다. 부모들은 합장한 채 마치 주술을 외듯 알아듣지도 못하는 말을 하며 나에게 연신 허리를 굽혔다. 세상 어느 부모나 자식을 위한 마음은 똑같은 모양인지 그 간절함이 고스란히 묻어났다.

한식으로 점심을 먹고 달콤한 커피를 마시며 소통이 쉽지 않는 대화를 나누고 있는데, 동생에게서 베트남 학생들을 모두 데리고 친정으로 오라는 전화가 왔다. 친정집 마당으로 들어서니

노릇노릇 삼겹살 굽히는 냄새와 가족들의 오지랖이 함께 피어올랐다. 동생들은 음식을 한 상 차려 놓고는 먹는 법을 손짓 발짓으로 일일이 설명하며 많이 먹으라고 권하기도 하고 베트남 음식과 문화에 대하여 묻기도 했다. 분명 말은 했지만 그 말은 제대로 이해되지 않은 채 오고 갔다. 그럴 때마다 한바탕 웃음으로 소통은 이루어졌다.

오늘도 전화벨이 울린다. 르엉에게서 걸려온 전화다. 주말마다 걸려오는 르엉과의 통화는 네 살짜리 손녀와 통화할 때처럼 영상으로 해야 한다. 표정이나 몸짓을 보면 소통이 훨씬 쉽기 때문이다.

오늘은 무슨 이유인지 베트남 전통의상을 입고 있다. 나풀나풀 연한 하늘색 아오자이를 입은 르엉이 화면 속에서 포즈를 취하며 애교를 부린다. 그 곰살맞은 애교에 일일이 반응을 하자니 손발이 다 오글거린다.

"이모! 벚꽃축제 한대요. 이모는 한복을 입고 나는 아오자이를 입고 만나요. 그리고 같이 사진도 찍어요."

어디서 벚꽃축제 광고를 본 모양이다. 한복을 차려입는 일이 여간 번거로운 것이 아니어서 옷장 깊숙한 곳에 넣어 둔 지 오래다. 한복을 입자면서 떠듬떠듬 내뱉는 말에 건성으로 그러자고 맞장구를 치고 있으니 곁에서 지켜보는 남편이 한마디 거든다.

"오지랖도 이제는 완전 국제적으로 떠십니다."

"이것도 애국하는 길이에요."

애써 변명을 하지만 남편의 눈에 유별나게 보이는 것은 뻔한 일이다.

오지랖은 '겉옷의 앞자락'을 뜻하지만 '주제넘게 아무 일에나 참견하다'는 뜻으로 더 많이 쓰인다. 그러나 나름대로 살아온 철학을 펼치자면 오지랖은 타인에 대한 관심과 도움을 주려는 마음에서 비롯된 봉사정신이다.

세상은 점점 이기적이고 각박해져 간다. 참견하다가 자칫 큰 시비로 번질까 이웃에 대한 관심을 거둔지도 오래다. 장작불을 피우기 위해서는 불쏘시개가 필요하듯 이기적이고 각박한 세상의 온도를 높이기 위해서는 이웃을 향한 따스한 관심이 필요한데도 말이다.

참견과 관심이라는 경계가 모호하지만 누군가에겐 참견일 수 있는 어떤 일도, 절박한 누군가에겐 희망이 될 수 있을 것이다. 그러기에 나는 내일도 모레도 오지랖을 펼칠 것이다. 상처와 자존심을 건드리지 않는 착한 오지랖, 위안과 희망을 주는 긍정 오지랖 말이다. 나로 인해 행복을 느끼는 사람이 단 한 사람이라도 있다면 그것만으로도 족하다.

한여름밤의 소동

지네 한 마리가 출현했다. 검붉은 색을 띤 지네는 한 뼘은 족히 넘어 보였다. 조금 섬뜩하긴 해도 무심한 듯 그냥 지나쳤다.

살인적인 폭양으로 엄두를 내지 못한 정원 가꾸기에는 밤이 안성맞춤이다. 전지가위를 든 모습을 본 남편은 달밤에 웬 체조냐며 지청구를 늘어놓았다. 산자락으로 거주지를 옮긴 후부터 틈만 나면 꽃나무를 자르고 잔디를 다듬어왔다. 처음에는 가꾸고 꽃 피우는 재미에 무더위도 아랑곳하지 않았지만, 이번 여름처럼 극심한 더위에는 몸을 사리지 않을 수 없었다.

달빛과 가로등 불빛에 기대어 잔디를 손질하고 있는데 멀리 갔으려니 했던 큰 지네가 바로 내 옆까지 와 있었다. 수많은 지네발이 한꺼번에 움직일 때마다 오금이 저려 움직일 수 없었다. 나의 비명소리에 '퍼뜩 밟아라.' 는 남편의 소리가 메아리처럼 들려왔다. 반사적으로 밟았다. 지네는 꿈틀거리더니 빠르게 기어

갔다. 두 번째는 더 힘껏 밟았는데도 잠시 움찔하더니 더 빠르게 기어갔다. 지네는 언제나 쌍으로 다닌다는데 저대로 보냈다가는 조만간 지네 가족들이 떼로 몰려올 것만 같았다. 세 번째는 다리를 더 높이 올렸다가 내려 밟았다. 잔디와 슬리퍼의 푹신함 때문인지 지네는 쉬이 항복하지 않았다. 다시 밟으려는 찰라 꿈틀거리던 지네는 발레리나의 모습으로 하늘을 향해 벌떡 일어서더니 나의 발가락을 꽉 물었다.

비명이 터져 나왔다. 그제야 사태의 심각성을 안 남편이 따스한 물을 대야에 담아오랴 약을 가져오랴 부산을 떨었다. 지네의 독은 만만치 않았다. 왼쪽 엄지발가락의 통증이 금세 확대되어 발목까지 부어오르더니 어느새 대퇴부까지 퍼졌다. 다리를 이리저리 움직여보았지만 뻣뻣해져 맘대로 되지 않았다. 통증도 통증이거니와 지네독이 온몸에 퍼져 행여 사지를 절단해야 하는 상황이 닥칠 것만 같아 걱정되었다.

나의 신음소리에 운전대를 잡은 남편은 안절부절못하며 당황한 기색이 역력했다. 평소 운전습관이 신중하다 못해 서툴게 보였던 남편이 캄캄한 산길을 거칠게 내달았다. 점점 더 크게 느껴지는 통증보다 지네의 출현에도 남의 집 불구경하듯 "밟아라."고 하고 테이블에 앉아 맥주를 마시던 남편이 더없이 얄미웠다. 감정이 북받치기 시작하자 본질은 간곳없고 기억 속에서 사라질 법 한 일까지 떠올리며 남편에게 화풀이를 해댔다.

한여름밤의 소동 49

오래전 이 자그마한 땅을 마련하여 일구었을 때의 일까지 소환되었다. 남편은 호미를 들고 밭고랑에 앉기를 먼저 했고, 나는 낫을 들고 밭 가장자리를 돌며 밭으로 점령해오는 칡넝쿨이나 아카시아 뿌리 제거를 우선으로 했다. 그때의 뒤바뀐 가장 노릇까지 들고나오자 남편은 꿀 먹은 벙어리가 되었다. 결국 이 사태의 모든 원인은 남편에게 다 뒤집어 씌워졌다.

심야의 종합병원 응급실은 한적했다. 지정된 침상에 누우니 젊은 의사가 몇 차례 문진을 한 후 전문의인 듯한 다른 의사가 왔다. 퉁퉁 부은 다리를 이리저리 만져보고 두드려보다가 내 눈과 마주쳤다. 눈물 자국이 남아있는 얼굴을 빤히 보더니 빙긋이 웃으며 한마디 했다.

"우리나라에 사는 지네는 동화에서 나오는 것처럼 물렸다고 죽지 않으니 걱정 안 해도 됩니다."

분답한 세상사는 어둠에 묻힌 지 오래고, 사위는 고요하다. 세상의 남편들을 두고 평생을 함께 살아도 남의 편이라는 우스갯소리들을 한다. 나 역시 때로는 남편이 정말 남의 편 같아 서운할 때가 없지 않았지만, 통증이 좀 진정되고 나니 그새 측은지심이 발동하는 모양이다. 속사포처럼 내뱉은 언어 몽둥이로 흠씬 두들겨 맞은 남편이 곤히 잠들었다. 홑이불을 끌어다 남편의 배 위에 살포시 덮는 것으로 한여름 밤의 소동은 끝이 났다. 그러나 배우자를 잃은 또 다른 지네의 복수가 두려운 것은 현재진행형이다.

제2부

육천 번째의 와이셔츠

오늘도 얼마 동안 더 입게 될지 모를 와이셔츠를 다림질한다. 분무기 속에 한 방울의 향수와 내 희망을 넣어 와이셔츠에 뿌린다. 이 향기가 남편에게로 또 남편과 마주치는 많은 사람에게로 퍼져서 행복을 가져다주길 기원해본다.

- 육천 번째의 와이셔츠
- 잔치
- 세 가닥 거미줄
- 남편의 휴가
- 사주
- 끈
- 황사
- 출산
- 카오산에서

육천 번째의 와이셔츠

　와이셔츠 다림질은 은근히 고역이었다. 아침마다 남편의 출근 채비를 위하여 다림질할 때마다 "어휴, 당신도 티셔츠나 남방 입고 다니는 직업을 가질 수는 없어요?" 하며 투정을 부렸다. 그럴 때마다 남편은 씩 웃어넘겼다.
　외환위기가 세찬 회오리바람으로 불어 왔다. 정부는 금융기관과 대부분의 기업체에 대하여 구조조정에 들어갔다. 남편이 근무하는 금융기관도 예외는 아니었다. 직원들을 몇 차례에 걸쳐 명예퇴직시켰다. 예산을 대폭 줄이고, 고통 분담 차원에서 직원들의 급여와 상여금이 삭감되기도 했다.
　실오라기 같은 희망으로 안도의 한숨을 쉰 지 얼마 되지 않아 다시 회사 전체가 퇴출 될 위기에 처했다. 임직원 전체가 회사 살리기에 안간힘을 썼지만 역부족이었다. 25년 동안 근무했던 직장이 하루아침에 퇴출된다는 사실만으로 남편과 나에게는 큰

충격이었다.

　그 직장이 있었기에 돌아가신 부모님을 대신하여 맏형으로서 동생들의 뒷바라지도 충실히 할 수 있었다. 더욱이 사내社內결혼이었기 때문에 안타까운 마음은 더욱 절실하게 다가왔다. 회사는 남편과 내가 무언의 눈길을 주고받으며 사랑을 키워왔던 곳이다. 남편은 간간이 결재서류 속에 사랑의 메시지를 보내와 나는 동료 여직원들의 부러움을 사기도 했고, 동시에 시샘을 받기도 했었다.

　부부의 연을 맺게 해준 회사의 갑작스러운 퇴출은 고통이 곱절이 되어 다가왔다. 하지만 남편은 많은 정신적 갈등 속에서도 자신의 현실을 겸허하게 받아들였다. 오히려 25년을 무탈하게 직장생활을 잘해 왔음에 감사해 했다.

　그러던 어느 날, 남편의 생일이 다가왔다. 불현듯 직장에서의 마지막 생일이 될지 모른다는 생각이 들었다. 평소 남편에게서 칭찬을 받기만 했을 뿐 내 마음을 제대로 표현 한번 해본 적이 없었다. 그저 기쁨과 고난이 거듭되는 삶 속에서 남편과는 호흡처럼 자연스러웠지만, 표현은 언제나 마음보다 모자랐었다. 마음을 가다듬고 편지를 썼다.

"사랑하는 당신! 우리가 한 직장에서 만나 결혼한 지 20년이 지났습니다. 결코 짧지 않은 세월을 살아오며 간간이 다툰 적도 있었지만, 집안의 대소사를 철없던 시절부터 서로 머리 맞대어 잘 헤쳐 왔습니다. 동생들의 혼사 때에는 당신과 내가 20대의 나이임에도 혼주석에 앉아 부모 없는 동생들의 설움을 달래 주기도 했었지요. 그토록 많은 시련을 겪은 당신에게 오늘의 힘든 현실은 지난날에 비하면 아무것도 아닐 것입니다.

오늘 아침 다림질하다가 문득 그렇게 지겨워했던 다림질이 얼마 후면 못할 것이라고 생각하니 와이셔츠가 참으로 사랑스럽게 느껴졌습니다. 참 의외였습니다. 지난날 다림질한 와이셔츠를 세어 보았더니 육천 번째가 넘었습니다. 20년 동안 나의 수고보다 그 와이셔츠를 입고 동분서주 애쓴 당신의 노고가 더 많았습니다. 사실은 불평하면서도 정년 때까지 일만 번은 다림질 할것이라고 생각했었지요.

생각해보면 세탁할 때마다 더러워진 와이셔츠는 땀에 젖은 게 아니라 당신의 피에 젖었음을 알게 되었습니다. 다림질할 때의 불평들이 배부른 투정이었다는 것도 이제야 깨닫게 되었고요. 참으로 철없는 아내였습니다. 당신에겐 사랑하는 가족이 있고 건강이 있으니 좌절하지 말아요. 당신께서 리어카를 끄신다면 기꺼이 뒤에서 사랑으로 밀겠습니다."

직접 단장한 꽃바구니 속에 나의 편지와 두 아이의 편지, 그리고 샴페인 한 병을 넣어 퀵 서비스로 남편의 회사로 배달시켰다.

한 시간 후, 목 멘 남편의 목소리가 전화선을 타고 왔다.

어느 직업인들 그렇지 않겠냐마는 금융인의 내조에는 특별한 배려가 필요할 것이라는 생각을 했었다. 많은 돈을 만지는 직업이기에 금전적인 불평과 지나친 요구는 자칫하면 남편이 돈의 유혹에 빠지기 쉬울 것이기 때문이다. 항상 고객을 대할 때 미소 띤 얼굴과 깨끗한 복장과 예의 바른 태도여야 한다는 생각이었기에 신경을 많이 쓰면서 살아왔다.

이젠 고단한 삶을 살아야 할지도 모른다. 비록 가난한 삶을 살게 될지라도 건강한 삶의 자세로 살아가는 가족이 있기에 따뜻한 가슴으로 서로 위로하며 살아가리라.

오늘도 얼마 동안 더 입게 될지 모를 와이셔츠를 다림질한다. 분무기 속에 한 방울의 향수와 내 희망을 넣어 와이셔츠에 뿌린다. 이 향기가 남편에게로 또 남편과 마주치는 많은 사람에게로 퍼져 행복을 가져다주길 기원해 본다. 먼 훗날, 내가 다림질한 와이셔츠가 일만 번째가 넘어가길 소망하면서.

잔치

 가마솥에는 온갖 약초를 넣은 국물이 펄펄 끓고 있다. 도마 위에는 갓 건져낸 고기가 모락모락 김을 뿜고 밭에서 갓 따온 싱싱한 채소와 과일들은 물기를 머금고 채반에 다소곳이 놓여 있다. 정성을 다해 차린 상차림에 흡족해 하며 허리를 펴는데 초대한 분들이 하나둘 환한 얼굴로 들어섰다.
 며칠 전 남편은 회사에 나가지 않아도 된다고 했다. 회사에서 두 달 동안 퇴직휴가를 주더라는 것이다. 처음 며칠 동안은 그저 신바람이 나는 듯했다. 운전기사를 자청하기도 하고, 온갖 잡다한 일에도 손을 보탰다. 그러나 일주일쯤 지나자 불안한 기색이 역력해졌다. 마치 자신이 아니면 회사가 돌아가지 않을 것처럼 모든 신경의 안테나를 회사로 곤두세웠다. 일보다 휴식이 부자연스러운 남편에게 퇴직은 마치 무자비한 폭군이나 다름없었다. 이제 여행도 다니면서 푹 쉬라고 해도 남편은 그게 아닌 모양이었다. 이미 짜여있는 각본과도 다름없음에도 불구하고 정년퇴직을 맞은 남편의 표정은 허허롭기 그지없었다.

강산이 몇 번이나 바뀌는 동안 단내가 나는 노동의 현장에서 수없이 덮쳐오는 거친 물살을 남편은 잘 견뎌 내었다. 그러나 정년이라는 그 두 음절에는 한없이 허약해졌다. 그런 가운데 남편의 생일을 맞게 된 것이다.

전날 내린 비로 팔공산은 또 한 꺼풀의 생기가 입혀졌다. 산허리를 감고 있는 안개가 빚어내는 풍경은 어느 유능한 화가라도 흉내낼 수 없을 정도로 몽환적이다. 햇살이 부지런히 안개를 걷어내는 동안 모여든 사람들도 주거니 받거니 술잔도 돌았다. 차츰 분위기도 무르익어갔다.

오래전 팔공산 자락에 마련해 놓은 채마밭에서 직접 농사지어 먹는 재미도 쏠쏠하지만 가끔 마음 맞는 사람끼리 모여 노는 재미도 그만이다. 느닷없는 초대에 영문도 모르고 달려온 이들은 혈연적이든 인위적이든 우리 부부에게 가장 소중한 사람들이다. 좋은 일에는 진심으로 축하해 주었고, 힘들 때는 함께 아파해 준 삶의 동반자들이다. 왁자그르르한 웃음을 헤집고 나는 담담하게 좌중 앞에 나서 지난날을 회고했다.

외환위기가 세찬 회오리바람으로 불어오고 많은 기업들이 구조조정에 들어갔을 때의 일이다. 남편의 회사도 몇 차례 구조조정을 했음에도 불구하고 퇴출위기에 놓였었다. 막상 퇴출위기에 놓이자 날마다 불평을 하며 다림질했던 와이셔츠가 그렇게 살가울 수가 없었다. 지금까지 투정하며 다린 와이셔츠가 남편의 땀이 아니라 피에 젖었을 것이라는 생각이 들었다. 정년퇴직까지 일만 개의 와이셔츠는 무난히 다릴 수 있을 것이라 생각했는데, 육천 번쯤으로 끝나야 하는 현실이 그저 막막했다.

거취를 두고 불안한 날들이 이어지던 중 남편의 생일을 맞았다. 나는 직접 꽂은 꽃바구니속에 샴페인과 우리 가족의 편지를 넣어 회사로 배달시켰다. 어쩌면 현직에서 맞는 마지막 생일일지 모른다는 마음에서였다. 한 시간 후, 전화가 왔다. 결코 희망과 용기를 잃지 않겠다는 남편의 고르지 못한 목소리만으로도 마음을 고스란히 느낄 수 있었다.

남편은 다른 회사에 스카웃이 되어 자리이동이 되었지만 한번 휘청거린 경제는 좀체 회복되지 않았다. 임원이라는 자리는 공중에 매달린 외줄처럼 위태로웠다. 아슬아슬한 곡예사 같은 날들이 반복되면서 언제까지 와이셔츠를 더 입을 수 있을지 불안한 마음이었다. 만 개의 와이셔츠를 다림질할 수 있도록 나는 날마다 두 손을 모으기도 했다.

평소 남편에게 '신의 아들'이란 별명을 농담 삼아 했었다. 무슨 일에서나 신앙을 첫머리에 두는 남편에 대한 나의 언어유희였다. 수많은 우여곡절이 앞을 가로 막았지만 남편은 그때마다 굳은 의지와 숱한 기도로 견뎌냈다.

간절히 원하면 이루어진다고 했던가. 나의 소망대로 일만 번째 다림질한 와이셔츠를 입고 이제 남편이 정년퇴직을 하게 되었다. 퇴직을 위로하는 오늘이 바로 남편의 생일인 것이다. 세상과의 한판 승부에서 이기고 돌아온 남편은 나에게는 개선장군이나 다름없다. 그러기에 남편의 생일을 축하하고 퇴직을 위로하는 마음에서 조촐하게 마련한 자리에 우리 부부에게 제일 소중한 분들을 초대 한 것이다.

퇴직은 인생의 끝이 아니라 새로운 삶의 시작이라고 한다. 앞으로 함께 걸어가야 할 날들 또한 적지 않을 것이기에 조급해하지 않고, 한 박자 한 박자 여유 있게 걸어가려 한다. 지금까지 그래왔던 것처럼 한결같은 마음 그대로 우리 부부와 동행해 주기를 빈다는 말을 마치고 조용히 뒤로 물러섰지만 누구 하나 말문을 여는 사람이 없었다.

시간은 취한 듯 흐르고 모두의 얼굴은 불그레하고 눈시울에는 물기가 반짝였다. 세월의 흔적만큼 눈 밑의 골진 주름 사이로 이슬이 맺힌 친구가 침묵을 흔들었다.

"울리려고 초대했냐?"

친구의 위트에 팔공산의 봄날은 무르익어갔다.

세 가닥 거미줄

나는 음치다. 그러니 아는 노래라고는 별로 없다. 모임이 있거나 어떤 행사 후의 여흥 시간이 되면 곤혹스러워진다. 편안하던 가슴은 답답해지고, 목은 갑자기 갑갑해져 마른기침부터 나기 시작한다. 자리를 슬쩍 피할 때도 있지만 나이가 들어갈수록 그런 자리는 더욱 잦아지기 마련이다. 요리조리 피해 보지만 어쩔 수 없이 노래 한 곡 정도는 꼭 불러야 할 때가 있다. 꼭 불러야 한다면 유일하게 부르는 노래가 '현철'의 '싫다 싫어'다. 별다른 높낮이 없이 무난하게 부를 수 있는 곡이기도 하지만, '세 가닥 거미줄에 묶인 줄도 모르고' 하는 가사 일부분이 내 삶의 가닥을 그대로 인화한 느낌이 들기 때문이다.

오래 전, 웨딩드레스를 입고 아버지와 함께 발맞추어 식장에 들어섰다. 딸의 손을 사위에게 건네고 돌아서 혼주석에 풀썩 앉으시는 아버지의 표정이 아무래도 심상치 않았다. 비단 맞은편

혼주석이 비었기 때문만은 아니었을 것이다.

사위 될 사람이 첫인사를 왔을 때 아버지는 아무 말씀도 없이 깊은 한숨만 내쉬었다. 뒷받침할 만한 부모나 재력이라고는 하나 없이 메고 가야 할 짐만 가득한 현실이 얼마나 암담하였을까.

무거운 짐을 가득 진 채 황무지로 나서려는 딸의 고단한 삶을 예견이나 하신 걸까. 미간의 주름이 더욱 깊어진 아버지는 내내 침묵으로 일관하셨다. 마치 죄인처럼 무릎을 꿇은 채 '비록 시작은 비천하나 나중은 창대할 것'이란 사윗감의 말에도 달리 언급이 없으셨다.

결혼을 하고보니 남편과 형제들의 몸과 마음은 서러움으로 가득하였다. 낮을 밤처럼, 밤을 낮처럼 들어오는 칠 남매의 서러움을 온전히 다 받아 안으려던 나의 굳은 결심에도 불구하고 시간이 지날수록 내 몸과 마음은 서서히 지쳐갔다.

끝없는 뒤치다꺼리에 굳게 다짐했던 신념은 간 곳이 없고, 남편의 가슴에 가시를 박기 시작했다. 남편의 가슴에 한 치의 상처를 내고 나면 후련해지기는커녕 내 가슴에는 두 치의 상처가 생겼다. "잘 살 때나 못살 때나 성하거나 병들거나 서로 존경하며……."라고 했던 결혼 서약을 까마득히 잊어버린 지도 오래였다. 바득바득 싸워 봐도 괴롭고 그럭저럭 참고 견뎌 봐도 힘들었다.

두 달 만에 시동생 두 명을 연거푸 결혼시킨 보람도 컸었지만,

할 일을 해내었다는 안도감 후에 밀려오는 허탈감은 이루 말할 수 없었다. 누가 강요한 것도 아니고 오로지 스스로 선택한 삶이었다. 아버지의 가슴에 주름을 지으면서까지 힘겹게 얻어낸 결혼 승낙과 약속이 아닌가. 어차피 피할 수 없는 일이라면 즐기라는 말처럼 아버지와의 약속을 지키는 길은 현실을 기꺼이 받아들이는 일밖에는 없을 것이다.

피로가 쌓여서인지 결국 갑상선에 문제가 생겼다. 몸은 방바닥으로 자꾸 꺼져 들어가는 것만 같았다. 두 살, 네 살배기 아이들이 배고프다며 졸랐다. 대답했지만 손가락 하나 움직이기도 힘들었다. 아침에 먹다 남은 밥이라고는 반 공기가 채 되지 않았다. 네 살짜리 딸에게 밥을 차려주고는 다시 쓰러지듯 누웠다. 딸은 한 시간이나 보채어 겨우 얻은 밥을 서툰 숟가락질로 방바닥에 떨어뜨렸다. 조그만 입에서 놓쳐버린 밥 한 덩어리를 두고 딸애는 눈물을 뚝뚝 흘리며 서럽게 울었다.

아침상을 물리고 설거지가 끝나면 곧장 또 점심을 준비해야 했다. 쌓여 있는 일거리에 그만 맥이 풀리지만, 나의 처지를 생각하면 마냥 앉아있을 시간이 없었다. 시동생들이 무사히 귀가하는 것이 내겐 큰 선물이었고, 반찬 투정하지 않는 것으로도 그저 감사한 마음이었다. 형편이 그렇다보니 딸에게는 이유식 한 번 제대로 해 먹일 마음의 여유가 없었다. 품에 보듬어 토닥토닥 자장가를 불러주거나 동화책을 읽고 자분자분 옛날이야기를 들려준 기억도 별로 없다.

그저 맏며느리의 역할에만 충실했을 뿐, 준비되지 못한 미숙한 엄마였다. 다섯 살이 되어서도 딸은 하얀 손수건을 쥔 채 엄지손가락을 빨았다. 어쩌면 채워지지 않는 허기와 엄마의 사랑을 손가락으로 채웠는지도 모르겠다. 나는 발갛게 부푼 그 손가락에다 쓰디쓴 마이신 가루를 발랐다.

누구나 지나온 시간은 실수도 있고 후회스러운 일도 많겠지만 지금 와서 그때를 생각하면 내 마음 밑바닥에서 잠자고 있는 서러움이 불쑥불쑥 솟구칠 때가 많다.

대학교에 간 딸이 메일을 보내 왔다.

"믿음과 애정으로 변함없이 지켜 봐주는 가족이 있으니 저는 오늘 하루도 행복합니다. 동생의 입대 후 생기를 잃으신 어머니의 건강이 걱정입니다. 그 녀석은 어머니께서 생각하는 것만큼 어리지 않아요. 혼자 하는 식사가 정말 먹기 싫다는 건 저도 알지만, 꼭 챙겨 드세요. 혼자 드시기 싫으시면 예전처럼 친구들도 만나 여행도 가시고 어머니만의 시간을 가지세요. 저는 혼자서 밥 챙겨 먹을 수도 있으니 너무 걱정하지 마세요. 엄마 너무너무 사랑해요."

딸은 다행히도 밥 한 덩어리의 설움을 기억하지 못했다. 바쁜 일상에 쫓겨 가장 소중한 것을 뒤로한 채 양육에 정성을 다하지 못한 나를 사랑한다고 고백해 왔다.

주어진 현실이 힘겨워 아무리 싫다 싫어 외친다 해도 어차피 나는 이리저리 세 가닥 거미줄과도 같은 현실에 묶인 신세였다. 세 가닥으로 엮인 삶으로 인해 딸에게 늘 미안한 마음을 지울 수가 없다.

남편의 휴가

　남편이 휴가를 간다며 여장을 꾸리고 있다. 메모지에 빼곡히 적힌 준비물을 하나하나 체크하며 세심하게 준비를 한다. 양말과 속옷은 물론이고 휴가일 만큼의 와이셔츠와 양복까지 챙기는 걸 보면 몇 년은 살다 와도 전혀 불편이 없을 것 같다.
　남편은 일 년에 두 번씩 휴가를 간다. 그렇다고 가족과 함께 보내는 것은 더더욱 아니다. 가족이 함께 휴가를 간 것도 벌써 20년이란 세월이 훌쩍 지났다.
　남편은 오래전 어느 공동체에서 봉사를 경험하게 되었다. 그 경험이 남편에게 얼마만큼의 삶의 가치와 의미를 부여하는지 나는 그저 미루어 짐작만 할 뿐이다. 언뜻 보면 집과 회사, 그리고 신앙이라는 트라이앵글로 균형 잡힌 삶을 영위하는 듯하지만, 내 눈에는 신앙 속의 그 일이 남편 삶의 팔 할을 차지하고 있는 것 같다.

처음에는 혼자 휴가를 가야 한다는 말을 차마 하지 못하는 것 같았다. 몇 달 전부터 넌지시 집안의 일정을 묻기도 하고, 별다른 계획은 없는지 확인을 하며 내내 뜸을 들이다가 막바지에 와서 말을 끄집어내곤 했었다. 그러나 햇수를 거듭할수록 미안한 기색은커녕, 휴가 하루 전날 그저 통보만 하는 남편을 보면 이제는 가족들이 다 함께 받들어 치러야 하는 의식처럼 되어버렸다.

특별하게 받은 봉사의 직분이기에 본의 아니게 가족과 함께 휴가를 보낼 형편이 못 된다는 것을 이해 못하는 바는 아니다. 하지만 이번에는 여느 때와는 달리 결혼 30주년이 아닌가. 비록 서양풍습이긴 하지만 '진주혼식'이라며 별다른 호들갑은 떨지 않더라도 당일 하루만큼은 마주 앉아 와인 잔을 맞대리라 은근히 기대했었다. 그런데 독수공방을 면치 못할 신세가 된 것이다.

첫아이를 가졌을 때 나는 입덧이 유난히 심했었다. 물만 마셔도 게워낼 정도였다. 그렇다고 심한 입덧을 핑계 삼아 여유를 부릴만한 형편도 못되었다. 일손을 보태줄 사람을 기대하기란 사치였고 익숙하지 못한 손놀림으로 때거리를 채우기에도 버거웠다. 아침을 먹고 돌아서면 점심준비를 해야 하는 고통스런 현실보다 더 견디기 힘들었던 것은, 장성한 시동생들 앞에서 시도 때도 없이 일어나는 헛구역질이었다. 여자로서 보이고 싶지 않은 단면을 들킨 것만 같아 견딜 수가 없었다. 할 수만 있다면 잠시라도 바깥바람이라도 쐬고 싶다는 생각뿐이었다. 남편을 졸랐다. 남편은 찬바람이 많이 부는데 그 몸으로 괜찮겠냐고 물었지만 집만 벗어나면 입덧이 멈출 것만 같았다.

　버스는 비포장도로를 달려 경주에 도착했다. 버스에서 내리자 나는 거의 실신상태나 다름없었다. 며칠 동안 제대로 먹지 못한 데다 먹는 대로 게워낸 탓에 몰골은 말이 아니었다.

　그날은 꽃샘추위가 기승을 부렸다. 대릉원으로 들어갔다. 소나무 숲이 큼직한 무덤을 에워싸 있고 삼월인데도 드문드문 보이는 외국 관광객들만 옷깃을 여미며 오고 갈 뿐 봄은 아직 멀찌감치 있는 듯했다.

　미추왕과 그 일족들의 무덤으로 짐작되는 봉분들이 23기가 있었다. 봉분의 크기나 출토된 유물들로 봐서 그 위세가 대단했다. 세상의 모든 영광을 누리며 한 시대를 풍미했을 그들도 찬바람을 고스란히 받으며 쓸쓸히 누워 있었다.

　빈속이라 체감온도는 더욱 낮게 느껴졌다. 오들오들 떨고 있는 나에게 남편은 어디라도 들어가자고 했지만, 무엇이라도 목을 넘기는 것이 두려워 대릉원을 몇 바퀴나 돌고 또 돌았다. 그런 나의 모습이 안쓰러웠는지 아니면 위로하려 그랬는지 모르겠지만 남편은 먼 후일 궁궐 같은 집에서 살게 해주겠노라고 했다. 남편의 그 말에 세상은 온통 봄꽃들로 그득해지는 것만 같았다. 그 말 한마디에 표정이 환해지는 나에게 뱃속에 든 아이놈에게 부탁하여 먼 후일 내 무덤을 저 왕릉처럼 만들어 주겠다고도 했다.

　비록 꿈 외엔 가진 것이라곤 아무것도 없는 남편이었지만 그 가능성만은 무한하게 느껴지던 때였다. 남편이 손을 뻗어 자판기의 버튼만 누르면 행복이 와르르 쏟아질 것만 같았다. 세상의 거친 물살에 한 번도 휩쓸려 본 적 없던 나는, 생각만으로도 화롯가에서 군밤 까먹듯 행복했다, 매서운 꽃샘바람도 그토록 부대끼던 속도 어느새 저만치 줄달음치고 있었다.

　벌써 세월이 두툼하게 쌓였다. 비록 현실성이 결여 되고 이루어지기에도 도저히 불가능한 그 말은 지금 생각해도 웃음이 나온다. 그 당시 남편의 마음을 다 헤아릴 수는 없으나 분명한 것은 세상 물정 아무것도 모르는 새색시에게 버거운 짐보따리를 지운 미안한 마음에서 부린 호기가 아니었을까 싶다.

　햇빛에 바래면 역사가 되고 달빛에 젖으면 전설이 된다는 말처럼, 그 능은 역사적 의미보다는 나에게는 떠올리면 까닭 없이 가슴 미어져 오는 아련한 전설로 남아있다. 지금껏 마법에 걸린 사람처럼 나는 힘들 때마다 간간히 그 기억을 떠올리며 살아왔다. 어쩌면 그 능은 지금까지 나를 지탱케 하는 마법의 성이었을 지도 모르겠다.

　남편은 여전히 짐을 꾸리고 있다. 이 방 저 방을 다니며 분주하기 그지없다. 남편을 따라다니며 하필이면 결혼기념일에 혼자서 휴가를 가는 사람이 어디 있느냐며 고시랑고시랑 잔소리를 해본다. 그러나 남편은 아무른 반응이 없다.

  가족을 두고 혼자서 가는 천당은 천당이 아니라 지옥일 거라며 가시 돋친 말을 내뱉아도, 남편은 그 말을 들었는지 못 들었는지 묵묵부답이다. 이쯤 되면 살아가며 손익계산을 하지 않고 오로지 베풀고 끝없이 용서해야 하는 여신이라 할지라도 부아가 날 지경이다.

  외로운 궁궐이나 왕릉보다 함께하는 초가삼간이나 공동묘지가 더 좋겠다고 해도 남편은 그저 씨익 웃기만 한다. 이젠 혼자 떠나는 휴가보다 남편의 무반응에 슬슬 약이 오르기 시작한다.

  혹시 숨겨둔 애첩과 밀월여행이라도 떠나는 게 아니냐며 강도 높은 심술로 남편의 자존심을 건드려 본다. 그러나 남편은 특유의 웃음으로 한마디를 툭 던지고는 집을 나선다.

  "그래도 하느님보다 먼저 결혼한 당신이 본처야."

사주

잠결에 화들짝 눈을 뜬다. 고통에 짓눌린 듯한 남편의 신음소리 때문이다. 나의 부스럭거림에도 남편은 기척이 없다. 꿈인가? 꿈이라기엔 너무나 생생하다. 평소의 코 고는 소리도 들리지 않아 순간 불길한 생각이 스친다. 코밑에 손등을 대어보고 가슴에 귀를 대어보아도 아무 느낌이 없다. 남편을 흔든다. 그제야 남편은 "왜 그래?" 하며 돌아누워 계속 잠을 이어간다.

신혼 초의 일이었다. 초인종이 울려 나가보니 승복을 입은 한 중년 남자가 서 있었다. 한참 동안 나를 빤히 쳐다보더니 "부모는 나를 낳았으되 나를 키워주지 못하고……."로 시작하여 조실부모한 남편의 사주를 줄줄 뱉어내고 있었다. 누가 들어도 금세 남편의 사주임을 알 수 있는 것을 나의 얼굴에서 읽어낸다는 것이 참으로 기이했다. 누가 들을까 봐 부끄러웠다. 조금의 망설임도 없이 얼른 중년 남자를 집안으로 들였다. 그는 아주 진지한 표정으로 말했다.

"참 안타까운 얘기지만 새댁 남편이 단명할 사주구만. 서른일 곱과 서른아홉을 조심해야겠어. 그리고 남편의 사주에는 아들이 없겠어."

어제 그제 시집와 겨우 첫돌을 갓 지난 딸을 둔 나에게는 청천 벽력과도 같은 말이었다. 세상이 무너진 듯 나는 그 남자의 말에 점점 빠져들었다.

"그러면 어떻게 해야 하지요?"

실체도 없고 검증도 되지 않는 이야기가 길어질수록 불안해졌 다. 점점 늪으로 함몰되어가는 불안감에 그러면 내 사주를 한번 봐 달라고 했다. 혹여 내가 과부 팔자거나 내 사주에도 아들이 없겠느냐고 물었다. 중년 남자는 과부 팔자도 아니며, 나의 사주 에는 아들이 둘이나 있다고 했다. 그 말은 마치 하늘에서 내려준 동아줄과도 같았다. 썩은 동아줄이라도 잡고 싶었다. 나는 당돌 하게 말했다.

"부부는 동체라 했으니 아내인 내 사주로 백년해로하고, 아들 을 낳으면 될 테지요."

그 남자의 밑도 끝도 없는 말을 듣고 난 후 아무리 무시하고 잊어버리려 해도 꺼림칙한 마음은 영 가시지 않았다.

첫돌을 지나 아장아장 걷는 딸을 데리고 어느 한의원으로 들 어섰다. 임산부의 태아 감별에 유명하다는 소문을 듣고 찾아간 것이다. 한참 동안 진맥하던 한의사는 고개를 갸웃거리더니 둘째도 딸이라고 했다.

그때부터 중년 남자가 말해준 남편의 사주는 내 몸과 마음을 완전히 메우고 있었다. 산통이 시작되었다. 연달아 딸을 낳는다고 생각하니 슬며시 어떤 오기가 생겼다. 보란 듯이 떡두꺼비 같은 아들을 낳아 불안으로 몰아넣었던 남편의 사주가 다 헛되었음을 증명이라도 해야겠다는 생각이 들었다.

밤새 산통을 겪은 후 산부인과에 갔다. 낳아보니 아들이었다. 사주와 진맥의 예견이 맞지 않음을 알고 날아갈 듯 기뻤지만, 그래도 남편의 단명에 대한 찜찜함은 아무리 애를 써도 지워지지 않았다.

당사자인 남편에게는 말을 할 수도 없었다. 혹여 무의식 속에 자리 잡을지도 모를 자기암시와도 같은 보이지 않는 기운들이 두려웠다. 늙어 할머니가 되어도 좋으니 어서어서 그 나이가 지났으면 싶었다. 남편의 귀가가 늦으면 온갖 방정맞은 생각으로 마음속은 지옥이나 다름없었다.

작은 선행도 남편을 지향한 기도가 되었다. 설거지나 청소나 빨래를 하면서도 마음속에는 사주를 이겨내게 해달라는 기도를 하였다. 가슴이 벅차오는 기쁨도, 가슴을 짓누르는 슬픔도 반만 표현하며 살얼음 위를 걷듯 했다.

이제 남편의 머리에는 하얀 서리가 내려있고, 얼굴에는 주름

사주 73

이 한 겹 두 겹 쌓였다. 어서 가버렸으면 했던 세월도 훌쩍 넘어 몇 곱절이나 지났다. 이 세상에 머무르는 시간은 한정되어 있을진데, 나는 그 사주라는 굴레에 씌어 미래에 대한 불안과 걱정으로 늘 노심초사하였다. 어쩌면 불치병으로 시한부의 삶을 살아가는 남편을 둔 아내처럼 언제 어디서 닥칠지 모르는 영원한 이별을 두려워하며 살아왔는지도 모르겠다.

긴 세월 동안 내 삶을 완전히 포박했던 그 한마디도 이젠 어렴풋한 전생의 한때인 듯 멀어져 갔다. 돌이켜보면 사주를 봐준 중년 남자를 탓할 일만은 아니다. 어쩌면 그 한마디가 나를 긴장감을 늦추지 않는 삶을 살도록 해주었는지도 모르겠다.

남편이 전등을 끈다. 사위가 온통 어두움 속이다. 촛불을 댕긴다. 남편은 조용히 장궤하여 묵주기도를 한다. 은은한 불빛에 비친 남편은 고요하고 평화로운 모습이다. 초연한 얼굴에는 충만함으로 가득 차 있다. 같은 신앙을 가지고서도 신께 완전히 의탁하지 못하고 사주라는 민간신앙으로 불안에 휩싸였던 나와는 달리, 남편은 무한의 믿음으로 오로지 빛을 향해 있다.

끈

　세상에서 가장 난해한 관계가 부부 사이가 아닐까 싶다. 결코 짧지 않은 세월을 함께 살고서도 아직도 삐걱거리는 소리를 내는 걸 보면 말이다. 그저께까지만 해도 남편은 은혼식이라며 우리 부부는 운명이니 숙명이니 호들갑을 떨더니 오늘은 바늘 하나 제대로 꽂을 여유도 없는 모습이다. 누가 부부를 일심동체라고 했는지 모르겠지만 오늘 같은 날은 우리 부부에겐 완전히 이심 이체다.
　식탁 위에 깔린 유리가 깨어질 듯 세차게 숟가락을 놓으며 자리를 박차고 나가버리는 남편에게 질세라, 차려진 음식들을 죄다 쓰레기통에 쓸어버리는 나의 팽팽한 신경전에 아이들은 안절부절이다. 살아갈수록 점점 응석둥이가 되어가는 남편의 유치함과 그 유치함을 끌어안지 못한 나의 옹졸함이 모처럼의 휴일 아침 시간을 망쳐 버린다.

꿈 외엔 가진 것 하나 없던 남편은 척박한 땅에 뿌리내리느라 앞만 보고 헉헉대며 달려왔다. 편히 마음 내려놓을 곳이나 비빌 언덕 하나 없던 남편의 외로운 질주는 이마 위에 깊은 주름을 몇 개 얹고서야 조금의 여유를 얻기 시작했다. 시간적 여유가 생기다 보니 나의 외출이 있는 날이면 슬쩍 따라붙을 눈치를 보일 때가 많다. 눈부시게 찬란한 젊은 날에는 봉사라는 명분으로 나를 생과부 신세로 만들더니 이제 와 아내 꽁무니만 따라다니려는 것이 은근히 얄밉기도 했다.

하루는 마땅히 갈 곳도 없어 남편과 함께 찜질방에 갔다. 친구들과 몇 번 가본 적이 있는 곳이라 낯익은 분들이 미리 와 있었다. 빈손으로 간 우리 부부에 비하여 먹을거리를 많이 가져온 그들은 이것저것을 펼쳐놓으며 먹으라고 했다. 그런데 분명 조금 전까지 옆자리에 있던 남편이 어딜 갔는지 보이질 않았다. 그렇다고 얻어먹는 형편에 남편을 찾아다닐 수도 없는 노릇이었다. 여러 사람이 둘러앉아 음식을 다 먹고 마지막 한 개가 누군가의 입에 들어갈 즈음에 남편이 쓰윽 나타났다. 남편이 자리에 있을 때는 조용하다가도 남편이 자리를 뜨면 꼭 먹을거리가 생겼다.

평소 식복이 많다는 말을 많이 들어온 나와는 달리, 남편은 늘 그렇게 음식과 숨바꼭질을 했다. 어디 가지 말고 곁에 꼭 붙어 있으라는 마음을 담아 눈짓으로 사인을 보내 봤자 눈치 없는 남편은 또 어디론가 사라지곤 했다. 쉽게 살이 찌는 체질인 탓에 잡다한 간식이 별로 반갑지도 않지만, 상황이 이쯤 되면 자꾸 안달이 나고 약이 오르기 마련이다. 별다른 노력 없이 굴러들어온 먹을거리가 마치 큰 행운처럼 여기게 되고, 그 행운이 유독 남편에게만은 자꾸 비껴간다는 터무니없는 생각에 슬며시 속이 상해 오기도 했다.

아이들이 자라고 나니 가족이 다 함께 식탁에 앉을 일이 드물다. 그래서 휴일 아침 식사만은 함께하는 것이 우리 가족들에겐 불문율처럼 되었다. 오랜만에 아침 메뉴로 식탁에 오른 것은 큰 뚝배기에 푹 삭은 김치와 참치를 넣고 보글보글 끓이다가 얼큰한 풋고추와 파를 송송 썰어 넣은 김치찌개였다.

찌개 속에 든 참치를 낚시질하는 아이들의 재미도 솔솔할 것이니 식탁 위에 뚝배기 채로 올려놓고 먹자는 나와는 달리, 남편은 먹다가 남기면 다음에 먹을 때에는 맛이 없으니 작은 그릇에 덜어서 먹자고 했다.

"쪼잔하게 뭘 덜어 먹고 그래요?"

"요즈음 돈 한 푼 벌기가 얼마나 힘드는데 먹다가 남으면 다 버려야 되잖아."

아이들조차 낚시질에 미련을 뒀는지 엄마의 손을 들어준 것이 발단된 것이다.

서로의 말문을 닫아건 채 휴일 내내 냉전으로 일관해 봐도 한 번 펌프질 되었던 마음은 좀체 진정이 되지 않는다.

평생을 머슴으로 살아도 좋다며 아내의 웬만한 지청구는 너그럽게 다 품어준 남편은 어디 가고, 조그만 일에도 삐치는 유치한 철부지 아들만 하나 더 생긴 것 같다. 그러나 사실은 남편만 탓할 바는 아니다. 머슴 서약으로 공수표를 남발하던 남편의 구애에 풀잎만 뜯어 먹어도 살겠다던 나의 순수한 모습은 간 곳이 없고 삶의 때가 덕지덕지 묻은 거친 아낙이 되었으니 말이다.

신혼 첫날부터 형제 여럿과 함께 살았던 까닭에 부부싸움 화끈하게 한번 못하고 기껏해야 입을 닫은 냉전으로 시위하곤 했었다. 그러나 시간이 지날수록 억울하고 분한 마음을 삭일 수가 없어 곪은 마음을 터뜨릴 생각으로 마주 앉으면, 희끗희끗한 머리와 푸석해진 피부가 날이 선 나의 감정들을 주저앉혀 버리고 만다.

오래된 부부는 사랑으로 사는 게 아니고 함께 만들어온 과거와 측은지심으로 산다고 한다. 아침에 축 처진 어깨로 출근하는 남편의 뒷모습을 봐도 그렇고, 피곤에 절어 퇴근하는 남편을 봐도 그저 애처롭기만 하니, 어느덧 남편에게 있어 나는 아내에서 어머니로 자리 이동한 게 아닌가 싶다.

황사

한낮인데도 사방이 어둑어둑하다. 황사가 심하겠다는 일기예보가 있었지만 우리는 예정대로 집을 나섰다. 강원도로 접어들자 황사 바람이 더욱 거세졌다. 전조등을 켜보지만 제 구실을 못하고 앞을 분간하기 어렵다.

새해가 되자 딸이 느닷없는 제안을 했다. 고성 통일전망대에서 부산 해운대까지 도보로 국토종단을 하겠다는 거였다. 딸이 제안한 길은 동해안을 따라 조성된 해파랑길이다. 해파랑은 '떠오르는 해와 푸른 바다를 바라보며 파도 소리를 벗 삼아 함께 걷는 길'이란 뜻이다. 770Km나 되는 그 먼 거리를 두 다리로 걷는다는 것은 결코 쉬운 일이 아니다. 그것도 모유를 수유하는 생후 8개월 된 아기를 데리고 걷는 길이라 가당키나 하냐며 손사래를 쳤다.

국토 도보종단이 꿈이었다는 딸은 스무 살 때부터 꿈꿔 온 것을 지금 이루지 못하면 평생 이루지 못할 것 같다고 했다. 요모조모 구체적인 계획을 말하는 걸로 봐서는 아무래도 하루 이틀 생각한 일이 아닌 것 같았다.

딸은 오랜 진통 후 난산 끝에 첫 아이를 낳았다. 이제 곧 둘째도 가져야 하니 자신의 건강을 다지는 것이 국토종단의 첫 번째 목적이라고 했다. 두 번째 목적으로는 제일 친한 친구가 암투병 중이어서 내딛는 한 걸음 한걸음에 친구의 쾌유를 비는 기도를 담겠다고 했다. 그러면 자신의 꿈도 이룰 수 있으니 일거삼득이 아니냐는 거였다.

그렇다. 꿈을 꾼다고 그 꿈이 다 실현되는 것은 아니다. 시작이 반이라고 그 목적을 향해 첫발을 내딛는 것만으로도 절반의 꿈을 이루는 것이 아니겠는가. 아무리 세상은 꿈꾸는 자의 몫이라지만 실행이 있어야 그 꿈이 이루어질 것이다. 꿈을 이루기 위해서는 무엇보다 가장 힘들고 고통스러운 자신과의 싸움에서 이겨야만 한다.

엄마만 도와주면 끝까지 해낼 수 있다고 딸은 자신 있게 말했다. 작은 체구에 저 용기와 자신감은 어디에서 생긴 것일까. 도보로 국토종단을 성공하려면 어느 한 사람만 잘한다고 되는 것이 아닐 것이다. 도보의 주인공인 딸과 남편은 물론이거니와 그들의 뒤치다꺼리와 8개월 된 아기를 맡아야 하는 나까지 삼위일체가 되어야만 가능한 일이다.

사실 촘촘한 삶에서 벗어나 낯선 길로 떠나는 여행은 나에게 언제나 설렘의 대상이다. 낯선 길도 떠나고 나면 금세 익숙한 길이 되어 내 기억 속에 저장된다. 가끔 그 길을 되새김하여 다시 떠날 때는 속살까지 보게 되어 더없이 친숙한 길이 되었다. 그러나 이번 국토 도보종단은 여느 여행과는 다르다. 평소의 설레었던 여행과는 달리 낯선 길에서의 맞닥뜨릴 상황들이 여간 신경 쓰이는 것이 아니었다.

두 달 동안 나의 공간인지 능력을 총동원하여 구간 거리를 재고 숙소를 검색했다. 걷는 이들이 지치지 않도록 아름다운 풍광과 안전한 곳으로 경로를 선택했다. 하루에 가야 할 거리를 30Km씩 계산해도 23일의 긴 여정이었다.

점심 한 끼만 사먹고 아침과 저녁은 숙소에서 장만해 먹기로 계획하고 일정을 짰다. 꿈을 이루려는 딸과 동행하는 남편이 크게 불편함을 느끼지 않도록 짐을 꾸리고 보니 그 짐이 만만찮았다. 특히 육아용품과 이유식 거리가 절반이 넘었다.

국토종단을 계획하고 몇몇 지인들에게 말했을 때 반응들도 각양각색이었다. 부녀의 도보종단 용기에 부러워하는 사람도 있었지만 '무모하다'와 '왜 사서 고생하느냐' 라는 반응이 대부분이었다. 그럴 때마다 '그러니까 해보는 것'이라 일축했지만, 내심 밀려오는 불안감과 부담감은 어쩔 수가 없었다. 모든 사물을 실루엣으로 바꿔버리는 황사 가득한 낯선 길에서 종일토록 젖먹이 아기와 보내야 한다는 불안감이 자꾸만 엄습해 왔다. 더구나 도보하는 딸과 남편의 에너지원이 될 밥상을 길 위에서 날마다 차려야 한다는 중압감도 떨칠 수가 없었다. 행여 중도에서 포기하고 돌아올 수밖에 없는 상황이었을 때의 부담감도 가슴 밑바닥에서 자꾸만 스멀스멀 올라왔다.

진부령과 미시령의 분기점인 용대 삼거리에도 황사는 여전하다. 즐비하게 늘어선 가게의 네온 불빛만 희미한 가로등처럼 밝혀져 있다. 최대의 황태덕장이라는 명성답게 온통 황태 판매장이다. 황사와 미세먼지에 좋다는 황태를 한 축 사서 다시 출발지인 고성으로 향한다.

저 멀리 소나무 방풍림이 보인다. 드디어 화진포해변이다. 찰싹찰싹 방죽을 때리는 파도소리가 들린다. 파도소리는 두려워했던 일들이 어느새 현실로 다가왔음을 알린다. 내일이면 딸과 남편은 그 현실 속으로 걸어갈 것이다. 꿈을 현실로 만들기 위해 스무사흘 동안 얼마나 많은 땀을 흘려야 감격의 순간을 맞을까.

내일쯤은 아마 황사가 환히 걷히고 고성의 푸른 하늘은 국토도보종단의 첫걸음을 걷는 이들의 머리를 쓰다듬어 줄 것이다. 잘 할 수 있으니 힘내라고.

출산

해 질 녘 딱새 한 쌍이 날아들었다. 암수 한 쌍인 듯한 딱새는 처음에는 대문 옆 빨간 우체통에 앉더니 차츰 마당 깊숙이까지 들어왔다. 바지랑대에 앉아 주변을 살피던 암컷은 선반 위에 얹어 놓은 작은 통속으로 쏙 들어가고 수컷은 주변 경계를 섰다.

보름쯤 지났을까. 딱새가 다섯 마리의 새끼를 부화했다. 그즈음 딸도 셋째 아이를 출산했다. 첫째와 둘째 아이를 집에서 낳은 딸은 셋째도 집에서 낳는다고 했다. 마흔의 나이에 위험하다며 이번만큼은 병원에서 낳으라고 아무리 만류를 해봐도 딸은 고집을 꺾지 않았다.

딸이 선택한 것은 프랑스 산부인과 의사가 창안한 '르바이예 분만법'이다. 아이가 처음 맞닥뜨리는 세상을 엄마 뱃속과 비슷한 환경을 만들어 서서히 적응할 수 있도록 하는 것이다. 수술대의 밝은 조명과 수술기구의 날카로운 금속 소리를 차단하여 아이의 고통을 최소화하는데 목적이 있다고 했다. 자연주의 출산에 대한 딸의 신념은 확고했다.

　야밤의 고속도로를 달려 딸의 집에 도착하니 아이들의 소리가 와글와글 바깥까지 들렸다. 제 엄마의 신음소리를 듣고 잠에서 깨어난 아이들은 조막만 한 아기가 엄마의 뱃속에서 나온 동생이라는 상황이 그저 신기한 모양이었다. 그러나 집안의 상황은 달랐다. 백지장 같은 낯빛으로 실신하듯 엎어져 있는 딸, 신생아의 애처로운 울음소리, 호기심에 가득 찬 큰 아이들의 소란스러움, 말 그대로 난장판이었다. 출산을 도와준 산파가 돌아간 후 갑자기 딸이 하혈을 심하게 한 모양이다. 흐느낌에 가까운 딸의 신음소리에 가슴이 쿵 내려앉았다.

　딸을 실은 구급차가 사이렌을 울리며 질주했다. 마치 모세의 기적이 재현된 듯 꽉 막혔던 출근길을 뚫고 종합병원의 응급실에 도착했다. 의사는 응급처치하였으니 며칠 입원하여 지켜보자고 했다. 딸은 오한에 온몸을 부르르 떨었다. 지혈을 위해 자궁 속에 넣은 차가운 물풍선 때문인지 응급실에서의 상황을 산고産苦보다 더 못 견뎌했다.

　딸은 아기 걱정을 하며 한사코 집에 가겠다고 했다. "아이를 낳으려다 자신의 삶을 마감하고 싶냐"는 의사의 위협적인 충고에도 개의치 않았다. 결국 딸의 고집대로 입원수속을 취소하고 집으로 돌아왔다. 출산 날의 소동과는 달리 딸은 생각보다 빠르게 회복되어 갔다.

한 달쯤 되어 사위가 장기 출장을 가게 되었다. 사위는 가족들을 우리집에 데려다 놓아도 되겠냐고 조심스럽게 물었다. 아기나 산모인 딸은 방 하나만 있으면 되겠지만, 문제는 큰아이들이라 생각한 모양이다. 산으로 들로 뛰어다니며 자연친화적인 육아를 해온 터라 잔병치레 한번 하지 않고 자란 아이들이다. 그 아이들이 에너지를 발산하며 마음 놓고 뛰어놀 수 있는 최상의 자리로 딸과 사위는 우리 집을 꼽았다고 했다.

딸이 손주 셋을 데리고 온다는 소식에 가끔 삐걱대는 내 몸이지만 아직은 해줄 수 있어 다행이라 생각했다. 하지만 딸의 생각이 좀 유별나기에 여간 신경 쓰이는 일이 아니었다.

요즘 젊은이들의 생활방식이 디지털이라면 딸은 완전 아날로그다. 그러니 일회용 기저귀와 물티슈 등 일회용품 사용을 전혀 하지 않는다. 아이들의 옷과 장난감은 얻어서 입히기도 하지만 먹거리만큼은 몇 배의 대가를 치르면서도 유기농 식자재를 사용하여 직접 조리하여 먹여왔다.

"네가 아무리 별나게 키워도 학교에 가면 유기농은 고사하고 친구들이랑 불량식품도 사 먹게 될 거다."

"알아요. 그래도 내 품에 있는 동안이라도 보살필 거예요. 살과 뼈가 형성되는 젤 중요한 시기가 유아기니까요."

아이 셋을 바라보는 딸의 눈빛에는 사랑이 충일하다. 그 별스런 육아에 지청구를 하면서도 어느새 나도 딸의 별난 사랑에 동참하여 많은 시간을 주방에서 보냈다.

우리 동네는 이웃이라야 대부분 여든을 넘긴 할머니들이다. 유모차에 몸을 의지하고 산책을 나온 할머니들은 빨랫줄에 널린 하얀 기저귀를 보며 한마디씩 했다.

"희한하데이. 요즘도 천기저귀 쓰는 집이 있네. 하기사 저 뽀얀 기저귀가 바로 기도문인기라. 사랑 없이는 절대 안 되는 일이제."

딸과 딱새는 서로 교감이라도 한 듯 며칠 전부터 떠날 준비를 했다. 딱새는 파닥대는 아기새를 비행연습을 시키기도 하고 종종걸음을 뒤에서 지켜보기도 했다. 딸은 아이들이 놀이 삼아 파놓은 마당 언저리의 구멍을 메우기도 하고 더럽혀진 이부자리를 세탁하기도 했다.

그러구러 우리 집에 온 지 한 달쯤 지나자 딱새 가족들도 딸의 가족들도 모두 떠났다. 딸 가족과 딱새 가족들이 머물다간 텅 빈 공간에는 허전하고 아쉬움만 가득하다. 손주들의 재잘대는 소리, 딱새들의 짹짹거리는 소리가 귓전을 맴돈다.

카오산에서

　방콕으로 배낭여행을 왔다. 공항에 내리자 남국의 습한 열기가 숨길을 훅 가로막았다. 세계 배낭여행자들의 천국이라는 카오산 거리는 기대와는 달리 삭은 흔적들로 가득하였다. 건물들은 군데군데 허물어져 있고, 수만 가닥의 전선들이 하늘을 덮고 있었다. 지금까지 얼마나 많은 여행객이 저마다의 사연들을 이 도시에 풀어 놓았을까. 그 사연만큼이나 얽히고설킨 듯 수만 가닥의 전선들을 보니 가슴이 답답해져 왔다.
　땡볕에 달구어진 거리에는 많은 인파로 북적이고 그늘진 자리에는 개들이 여기저기 드러누워 있었다. 길가의 상인들은 꼬질꼬질한 손으로 음식을 볶느라 분주하고 윙윙대는 파리들은 앉을 자리를 찾느라 바빴다.
　즐비하게 늘어선 노점상의 플라스틱 의자에 앉아 썩 내키지도 않는 음식을 시켰다. 딸은 두 가지 음식 중에 입맛에 맞는 것을 먼저 골라 먹으라고 했지만 어느 것에도 손이 가지 않았다. 미각을 마비시킬 듯한 강한 향신료와 화장실 휴지를 대신했다는 현지인의 왼손에도 자꾸 신경이 쓰였다.

가는 곳마다 비위생적이고 무질서한 풍경은 내 식도의 문을 아예 닫아 버린 듯했다. 한입 맛보고는 음식을 슬그머니 딸 쪽으로 밀치는 일이 반복되다 보니 나는 점점 허기의 늪 속으로 빠져들기 시작했다.

이국의 낯선 볼거리나 황금빛의 화려한 불상도 더는 눈에 들어오지 않았다. 몸은 자꾸 늘어져 적당한 그늘을 찾아 앉을 궁리만 늘던 참에 한 통의 문자가 날아들었다. 짧은 글에서도 나의 고통을 읽어낸 동생은 한인업소를 추천해주었다. 쓰러질 듯 처져있던 내가 벌떡 일어서 얼음 동동 띄운 김치말이 국수 한 그릇 먹으면 살 것 같다고 딸에게 말했다.

"엄마는 왜 매사 자식보다 형제가 우선이세요?"

새치름해진 딸의 말에 가시가 돋쳐있었다. 음식을 먹을 때마다 미안해하며 고분 했던 딸은 간 곳이 없었다. 외국까지 와서도 자식을 옆에 두고 형제들과 의논했다는 사실에 화가 단단히 났던 모양이다. 이모가 자신을 얼마나 불효녀로 보겠느냐는 것이다.

"지금껏 말은 안 했지만 섭섭한 게 얼마나 많은지 아시기나 하세요?"

며칠 만에 입맛이 확 당기는 음식을 앞에 두고 무엇을 가지고 저러나 싶어 당황스러웠다. 동생과 문자 몇 통 주고받은 것이 그렇게 큰 잘못인가. 아무리 잘못이라 해도 그렇지 이곳은 낯설고 물선 곳이 아닌가.

딸이 한 달간의 배낭여행을 제안했을 때 썩 내키지 않았었다. 이 나이에 배낭여행을 하기엔 체력도 따라주지 않을뿐더러 외국어라면 늘 주눅이 들기 때문이다. 아는 외국어라곤 영어단어 몇 개뿐인데 무슨 배낭여행이냐고 하자 눈빛이나 몸짓이 세계 공통어라는 딸의 말에 겨우 용기를 내어 길을 나선 것이다

그렇다면 나는 지금껏 저에게 불만이 없었을까. 생각할수록 불을 뒤집어 쓴 듯 화끈거렸다. 차라리 이참에 잘되었다 싶었다. 지금껏 못다 한 불만들을 내놓으려 했지만 딸은 아예 나의 말은 들으려고 하지 않고 말할 틈도 주지도 않았다. 마치 울고 싶던 차에 뺨을 때려준 꼴이 되었다.

"내가 고3 때, 어떠했는지 엄마는 아예 기억도 못하시죠?"

딸이 고등학교 3학년으로 올라간 지 사흘째 되는 새벽, 수원에서 혼자 살던 시동생이 뇌출혈로 쓰러졌다는 응급실의 연락을 받았다. 고3 수험생이었던 딸이 걱정되긴 했지만, 생사의 기로에 선 시동생을 그대로 버려둘 수 없는 일이었다. 태어나서 '엄마'라는 짧은 단어를 한번 불러보지 못하고 자란 시동생을 꼭 살려야 된다는 일념뿐이었다.

요즘이야 학교급식이 잘되어 있지만, 그 당시 고등학생이던

딸과 아들은 점심과 저녁에 먹을 도시락을 싸 가야 했다. 딸은 눈물을 닦으며 마치 분풀이를 하듯 가시 돋친 말을 이어갔다. 동생 도시락까지 네 개를 싸기 위해 새벽에 일어났던 그 힘겨움이나, 소시지나 단무지를 넣어간 초라한 도시락 때문이 아니라고 했다. 정작 속상했던 것은 친구들 눈에 수험생의 부모로서 너무 무관심하게 비쳐진 것이라고 했다. 고모들과 숙모들도 많은데 하필 고3 수험생을 둔 엄마 혼자서 그 짐을 다 져야 했었느냐는 것이다.

딸의 서러움은 꼬리에 꼬리를 물고 이어졌다. 미안해서 싸우고 안쓰러워서 싸우는 것이 모녀지간이다. 여동생의 문자메시지가 도화선이 되긴 했지만, 낯선 나라에서 서로 마주 앉아 전선처럼 얽히고설킨 마음들을 한 가닥씩 풀어놓고 보니 저도 나도 서러운 건 매한가지다.

해가 뉘엿뉘엿 질 때쯤 암파와 수상시장을 출발한 작은 배는 물살을 거슬러 서서히 넓은 강으로 나아간다. 강가에는 많은 나무와 수초들이 떠 있다. 고요한 어둠이 잦아들자 반딧불이가 여기저기서 불을 밝힌다. 칠흑 같은 어둠 속의 수많은 반딧불이를 보며 환호성을 지르는 딸의 자그마한 손에서 따스한 온기가 전해온다. 여행은 마음 내려놓을 자리를 찾아 떠나는 것이라고 한다. 서러웠던 마음들을 다 내려놓은 딸의 표정이 한결 가벼워 보인다. 상처들을 고스란히 내려받은 이국의 밤은 점점 깊어간다.

제3부

엄마의 돈

엄마의 돈을 냉큼 받아 챙기지 않고 다시 내어놓은 형제들의 사랑이 삼복 날씨만큼이나 뜨겁다. 그 뜨거운 사랑은 오래도록 우리 형제들의 가슴에 녹아 험난한 세상을 이겨낼 큰 에너지가 될 것을 믿어 의심치 않는다.

- 엄마의 돈
- 연緣
- 촛불
- 홍시
- 귀소
- 밥
- 아버지의 군번
- 대장놀이
- 다섯 살 손녀의 철학

엄마의 돈

　엄마가 자식들을 불러 모았다. 이 삼복염천에 무슨 일일까? 평소 당신의 외로움보다 자식들의 오가는 수고로움에 더 큰 비중을 두기에 웬만한 일로는 친정으로 부르는 일이 없으시다. 파주에 사는 막냇동생까지 모두 부른 걸 보면 긴요한 일인 모양이다.
　형제들은 엄마를 중심으로 빙 둘러앉았다. 엄마의 무릎 앞에는 미리 준비해 놓은 듯 작은 보따리 하나가 놓여 있었다. 모든 시선은 그 보따리에 모아졌다. 모두 긴장한 모습이 역력했다. 드디어 야무지게 묶여있는 분홍 보자기가 풀렸다. 보따리 속에는 수표와 현금이 들어있었다. 꽤 거금이었다. 오랜 세월 홀로 살아온 팔순의 노인이 벌이가 있는 것도 아닌데 무슨 돈일까. 돈 이래야 가끔 자식들이 용돈으로 내놓고 가는 것이 전부가 아니던가.
　"내가 요즘 영 정신이 없다. 자식들에게 돈을 다 물려주면 안

된다고 다들 말하더라만 그래도 이 정도라도 정신이 있을 때 주고 싶어 그런다. 내가 너희들에게 줄 수 있는 것이 이것뿐이지만 그래도 조금이라도 줄 수 있어서 다행이다."

'줄 수 있는 것이 이것뿐'이라는 엄마의 말에 갑자기 비애가 느껴졌다. 생이 점점 고갈되어 간다는 것을 스스로 감지한 것일까. 지금까지 통장과 도장은 엄마의 희망이자 힘이며 든든한 동아줄이었다. 이제 그 통장을 몽땅 털어 자식들 손에 넘겨주려는 것이다.

몇 해 전부터 엄마는 건망증을 호소해왔다. 찾았던 것을 또 찾고, 물었던 것도 금세 기억이 나지 않는다는 말을 자주 했다. 그럴 때마다 우리 형제들은 '그 연세에 그 정도라면 아직 초롱'이라며 엄마의 말을 그저 흘려들었다.

엄마는 통장에 대한 애착이 유별났다. 몇 개 되는 통장의 만기일까지 기억하고 관리하는 능력은 팔순의 나이라고는 도무지 믿기지 않을 정도였다. 장남인 동생과 맏딸인 나에게는 통장과 도장을 넣어 둔 곳을 가끔 말하곤 했다. 그곳이 이불 속이었다가, 냉장고 아래였다가 어떤 날은 뒷마당 언저리에 쌓아둔 나뭇가리 밑이기도 했다. 통장의 은밀한 이동은 군사작전과도 같았다. 그토록 통장과 도장을 야무지게 감춰놓고는 넣어 둔 곳을 깜박 잊어버려 혼비백산했던 적이 여러 번이었다. 시골농협이라 고객의 얼굴을 다 알고 있어서 엄마 아니면 절대 돈을 찾을 수 없다'며 아무리 안심을 시켜도 오로지 통장 생각뿐이었다.

  현금과 수표는 다섯 몫으로 나누어져 우리 형제들 앞에 놓였고, 잔고가 바닥을 보이는 통장은 엄마앞에 놓였다. 엄마가 지금껏 살아온 삶의 무게를 누구보다 잘 아는 형제들은 한참 동안 입을 열지 못했다. 말없이 눈빛만 주고받던 우리 오남매는 서로 약속이나 한 듯 청력이 약한 엄마가 들을 수 있는 큰소리로 너스레를 떨기 시작했다.

  "가위 바위 보로 서로 따먹기 하자."

  "강원랜드에 가서 하루 놀고 오자."

  그때까지 엄마는 농으로 받아들이는 것 같았다.

  "엄마 이름으로 시설에 몽땅 기부하자."는 말이 나오자 당황하는 기색이 역력했다.

  "엄마, 우리가 이 돈을 나눠 가면 우선은 달콤할 것이나 혹하는 마음에 다 써버릴지도 모르니 당분간은 엄마가 관리해 주세요. 훗날 엄마가 더 기억을 못 하시게 되면 그때 우리가 똑같이 나눠 가질 테니 그때까지만 엄마가 좀 맡아줬으면 좋겠어요."

  오남매 맏이인 나의 말에 동생들도 모두 고개를 끄덕였다. 그리고는 각자 앞에 놓인 돈 보따리를 묶어 다시 엄마 앞으로 밀어드렸다.

  몸과 마음이 점점 건조해가는 엄마가 유일한 낙이었던 통장을 몽땅 내어준 것은 자식들에게 해 줄 수 있는 최고의 사랑일 것이다. 그리고 기억과 망각의 기로에 선 엄마에게 돈을 되돌려 줌으로 기억의 끈을 놓지 않도록 하는 것은 자식으로서 해 줄 수 있는 최선의 사랑법이다.

엄마의 돈을 냉큼 받아 챙기지 않고 다시 내어놓은 형제들의 사랑이 삼복 날씨만큼이나 뜨겁다. 그 뜨거운 사랑은 오래도록 우리 형제들의 가슴에 녹아 험난한 세상을 이겨낼 큰 에너지가 될 것을 믿어 의심치 않는다. 염천의 뜨거운 햇살을 받고 선 친정집 마당의 감나무는 푸른빛이 더욱 짙어졌다.

연緣

사랑도 부질없어 미움도 부질없어
청산은 나를 보고 말없이 살라 하네.
탐욕도 벗어버려 성냄도 벗어버려
물같이 바람같이 살다가 가라 하네.

노을 앞에 섰다. 저녁노을은 온통 핏빛이다. 어쩌면 저 핏빛 노을은 삶의 온갖 서러움과 통한으로 멍든 내 가슴인지도 모르겠다.
오십 중반이 되어 고향이 내려 보이는 고개 위에 다시 올라섰지만 내 갈 곳은 그저 아득할 뿐이다. 이마를 묻고 통곡이라도 하고 싶은 고향을 38년 전 밤고양이처럼 몰래 **빠져나온** 일이 흑백필름처럼 희미하게 기억 한켠을 자리하고 있다.
여덟 남매의 다섯째로 태어나 가부장적인 아버지와 계모의 슬하에서 지낸 내 유년기는 눈물로 점철된 시절이었다. 부모님의 편애로 나는 언제나 미운 오리 새끼였고, 천대 속에서 단 사흘 동안 야학에 다닌 것이 학벌의 전부였다. 곱게 손질한 모시적삼을 입은 아버지를 대신하여 사과밭 농사와 지게질은 언제나 내 몫이었다.

계모의 소행으로 추측되는 사라져버린 창고 속 사과 몇 상자로 내 몸은 채찍의 흔적이 구렁이처럼 휘감겼다. 간신히 오빠 친구의 집으로 피신을 하고서야 죽음의 공포에서 벗어 날 수 있었다. 그도 계모 밑에서 성장해 이복동생을 위하여 학업을 중단한 채 좌절의 나날을 보내고 있었다. 우리는 서로 동병상련으로 누가 먼저랄 것도 없이 서로의 손을 잡았다. 자유를 얻기 위해, 그리고 새로운 삶을 위해 힘든 결단을 하였다. 야반도주의 고갯길은 참으로 험난하였다.

첫발을 내디딘 곳은 스산한 바람결에 낙엽만이 뒹구는 어느 유원지였다. 반기는 사람 하나 없는 유원지 한켠의 삶은 늘 허기졌다. 맞붙인 탁구대 두 개는 방바닥이 되었고, 바람막이로 둘러친 베니어판은 벽이 되었으며 비를 피하기 위해 친 천막은 지붕이 되었다. 초겨울에 강풍이라도 불어오는 날은 풍랑을 만난 돛단배나 다름없었다.

첫딸이 태어났다. 탯줄을 끊은 며칠 후부터 퉁퉁 부은 채 호숫가 얼음 위로 포장마차를 끌고 갔다. 남편은 스케이트 날을 갈았고 나는 호떡을 구워 팔았다. 연탄불 위에서 익어가는 호떡과 함께 내 스물의 청춘도 익어갔다. 그러나 호수의 얼음이 어는 해가 거듭될수록 내 마음도 서서히 얼어가고 있었다. 서로의 동정심으로 시작한 부부생활은 남편의 무능력과 방관으로 내게 남은 건 그저 의무감뿐이었다.

그럭저럭 딸 넷을 두고 천신만고 끝에 가게 딸린 집을 마련할 수 있었다. 조그만 구멍가게를 하면서 세상에서 제일 무거운 것이 눈꺼풀이란 것도 알게 되었다. 잠의 굶주림 속에서 쪼들린 경제와 폭력으로 삶은 허기지고, 이복형제들에 대한 맏며느리로서의 의무감과 심리적인 압박감으로 시달려야 했다.

남편은 모든 생계와 양육은 나의 어깨에 메어 둔 채 언제나 가장의 권위만 내세웠다. 슬쩍슬쩍 곁눈질로 젊음을 탕진해온 남편의 뒤치다꺼리로 뼈가 삭도록 힘들게 마련했던 것들은 하나둘씩 도로 빠져나갔다.

형벌과도 같은 생활이 연속되어 삶의 존재 가치마저 잊은 채 때로는 부부의 연緣에 종지부를, 때로는 삶에 마침표를 찍을 모진 결심을 숱하게 하였지만, 나의 발목을 잡는 건 언제나 딸들이었다. 어머니의 사랑을 받아본 기억이 없었기에 딸들에게만은 그 아픔을 그대로 대물림하기 싫었다.

다행히 딸 넷은 나의 소망대로 예쁘게 성장하였다. 딸 넷을 순서대로 성실하고 유능한 청년들에게 호적을 넘겨주었다. 내 박복한 팔자를 딸들이 연대하지 않은 것만으로도 아침마다 비쳐오는 햇살이 눈물겹게 고마웠다.

 딸들은 파란만장한 질곡을 넘어선 나의 삶에 진정한 동행자가 되어주었다. 난생처음으로 딸들에게서 받은 잘 차려진 생일상과 과분하리만치 큰 선물은 나의 가슴을 벅찬 감격으로 채웠다. 이젠 내 생에는 좌절과 절망은 없을 것이라 생각했다.

 살풋이 잠이 들었다. 속이 편치 않았다. 불면의 밤을 피하기 위해 마셨던 술 탓인가? 뱃속이 용암처럼 뒤끓더니 울컥하며 토기吐氣가 있었다. 순간 숨이 꽉 막히고 가슴이 옥죄어 왔다. 가슴을 쥐어뜯으며 몸부림을 쳐 보지만 소용이 없었다.

 무엇이 나의 숨구멍을 이토록 강하게 틀어막는 것인가. 호흡이 단절된 내 몸뚱이는 풍선처럼 팽창하여 곧 터질 것만 같은 고통이 밀려왔다. 불현듯 생의 강렬한 욕구가 용솟음쳤다. 지난날 그토록 끊어버리고 싶었던 고통의 질긴 심줄이라도 잡으려 발버둥을 쳐 보지만 허공만 할퀼 뿐이었다. 자꾸만 가물가물해지는 의식 속에서 당황하여 허둥대는 남편의 모습과 응급 차량이 보였다.

 여기저기서 오열이 터져 나왔다. 낯익은 얼굴들이 전부 모여들었다. 언니, 오빠가 나에게 절을 하였다. 남편은 고개를 숙인 채 조문실 구석에 앉아 있었다. 식은땀을 줄줄 흘리며 백지장처럼 창백한 얼굴로 몇 번의 경련과 함께 비명을 지르더니 남편의 몸이 스르륵 무너졌다. 혀를 깨문 듯 입에서 선혈이 낭자하게 흘렀다. '쇼크성 뇌간질'이라는 의사의 선고 앞에 딸들은 새파랗게

굳어버렸다. 부모의 연속된 절명 앞에 그토록 피울음을 토해내더니 이젠 아예 넋을 잃었다.

남편은 나의 옆자리에 누웠다. "왜 자꾸 나를 따라오냐?"며 온갖 악다구니를 썼지만 소용이 없다. 생전 그토록 괴롭히더니 쇼크가 웬 말인가. 억만 겁의 인연이어야 부부로 맺어진다는데 도대체 무슨 인연이기에 사선死線의 고갯길도 함께 넘어야 한단 말인가. 남편의 동행을 한사코 거부하였지만 몇 걸음 뒤에서 휘적휘적 따르는 남편의 처진 어깨가 미움을 넘어 가련하다.

월드컵의 연속된 승리로 온 나라는 감격과 충만함으로 온통 축제의 분위기다. 국민은 모두 하나가 되어 얼싸안는데 남편과 나는 미워하고 증오했던 것에 대하여 서로 용서하고 용서받을 일들을 제대로 갈무리 못하고 서로 찌르고 찔려 가슴엔 생채기만 가득할 뿐이다.

생전 제대로 된 여행 한번 못한 채 오래 전 피눈물을 흘리며 떠나왔던 고갯길을 넘어 기나긴 여행길에 오른다. 캐딜락에 나란히 누운 채 올라선 남편과 나의 육신은 한줄기 바람결에 까치밥으로 뿌려진다.

한마디의 마지막 인사도 못한 채 떠나온 나는, 고갯길을 내려가는 사랑하는 딸들의 망연자실한 뒷모습만 지켜볼 뿐이다.

아, 이 질긴 인연의 끈은 어디까지 이어질 것인가.

- 이모 영전에 바칩니다

촛불

친정집은 한 시간이면 족히 달려갈 수 있는 지척이다. 평소 발걸음이 잦은 편이지만 친정에 들리겠다는 말을 한 날이면 어머니는 이른 새벽부터 "어디까지 왔느냐"며 성가시도록 전화를 하신다.

아버지와의 별리에도 매우 침착하고 담담한 모습을 보여 몇 십 년은 씩씩하게 잘 견뎌낼 것으로 생각했던 어머니도 사람이 몹시 그리운 모양이다.

나는 일 년에 두 번씩은 특별한 휴가처럼 사흘 정도 머물 요량으로 친정나들이를 간다. 이른 봄, 감꽃이 필 때와 그 감이 발갛게 익어가는 늦가을이다.

친정에서 머무는 사흘 동안은 어느 누구의 방해도 받지 않고 오로지 우리 모녀만의 시간이다. 익숙해진 남편의 옆자리보다 이젠 어머니의 옆자리가 왠지 어색하고 불편하다. 그러나 어머니의 체취를 느낄 수 있는 시간이 앞으로 얼마나 더 허용될지 모를 일이기에 그 시간만큼은 내겐 더없이 소중한 시간이다.

한 이부자리에 누우면 어머니는 밤이 깊어가는 줄도 모르고 지금껏 털어내지 못한 주름진 세월을 하염없이 쏟아 놓으신다. 어쩌면 작고 노쇠한 가슴속에 그렇게 많은 얘기를 숨겨놓았을까. 어제 했던 얘기와 별반 다를 바 없이 반복되는 얘기들을 그저 조용히 들어주는 것은 언제나 내 몫이다. 그렇지 않으면 어머니의 삶이 닳고 닳아 조용히 끝나는 날, 크게 통곡할 것임을 익히 알기 때문이다.

이 느낌을 뭐라고 해야 할까. 새벽안개처럼 가슴 저며 오는 이 느낌, 마치 나비의 날갯짓 같기도 하고 머리를 쓰다듬는 바람결 같기도 하다. 놓치고 싶지 않은 느낌에 이끌려 천천히 눈을 뜬다. 어둠 속에서도 점점 익숙해지는 어머니의 그림자. 날숨에 흔들리는 촛불 앞에서 두 손을 모은 채 염경기도를 드리는 엄숙한 모습에 나는 기척을 내지 못하고 다시 눈을 감아버린다.

불교와 토속신앙의 중간쯤에서 절대자의 대상이 무엇이든 어머니의 믿음은 신실하였다. 어머니는 수십 년의 세월 동안 달뜨는 밤마다 장독대에 정안수를 떠놓고 기도하셨다.

큰딸인 나를 시작으로 하나둘 천주교로 입문하기 시작했다. 딸은 그래도 출가외인이라며 어머니는 스스로 위안 삼으며 아들들은 절집에 이름을 팔았으니 절대 안 된다고 하셨다. 막내아들조차 개종하기에 이르자 지차아들이라며 씁쓸하게 허용하시는 듯했다. 그러나 한 집안에 두 종교는 있을 수 없다며 큰아들만큼은 절대 안 된다며 엄포를 놓으셨다. 단호한 모습을 보인 어머니는 때로는 어린아이 달래듯 애원을 하기도 했다.

자식 이기는 부모 없다고 하던가. 큰아들마저 천주교로 개종하자 어머니는 잠시의 망설임도 없이 신줏단지를 들어내고 부적을 떼어내는 것을 시작으로 종교에 대한 멍에를 하나씩 하나씩 덜어내기 시작했다. 마치 절간의 쇠북처럼 무거운 마음으로 자식들의 종교를 따라 개종하신 어머니도, 이젠 촛불 앞에 무릎을 꿇어 기도로 하루를 여시고 마감한 지 벌써 몇 해가 되었다.

어머니는 첫새벽에 일어나 제일 먼저 조상들을 위해 위령 기도를 하신다. 그 후엔 어머니에게 있어 종교이기도 한 큰아들을 위해 기도한 후 객지에 나가 있는 막내아들을 위한 기도가 이어진다. 온갖 안테나가 아들로 향해 있는 지극함은 마치 두 아들이 존재의 이유처럼 보이기도 한다. 그래도 남은 시간이 있다면 딸들을 위해서 기도드리지 않을까 싶다.

새벽 첫 시간을 기도로 하루를 시작한 후 순한 암소처럼 엎드려 일만 하다가 어둠살이 끼는 시간이라야 귀가한 어머니는 고단함도 잊은 채 또 촛불을 밝혀 감사의 기도로 하루를 마감하신다.

하루의 고된 노동으로 곁에 누운 어머니의 숨소리가 거칠다.

숨소리조차 자식들을 위한 한결같은 기도처럼 느껴지는 밤이다. 어머니의 지나친 희생이 때로는 자식들을 곤혹스럽게도 한다. 그러나 아무리 세상이 변하고 가치가 변한다 해도 변하지 않는 절대적인 당위는 존재하듯이 제 몸을 녹여 빛을 밝히는 촛불처럼, 어머니라는 심지가 생이 다 닳을 때까지 자식을 위한 기도는 계속될 것이다.

홍시

홍시를 보면 눈물이 납니다.

어머니는 마당의 감나무에서 감을 한 소쿠리 따 놓으시고는 이 자식 저 자식에게 전화합니다. 그러나 자식들은 사는 게 무어 그리 바쁜지 발걸음을 쉽게 내어주지 않습니다.

어머니는 며칠 전에 따 놓은 감이 홍시가 되어 물러 터진다며 가져가라고 애원합니다. 그렇게 애타는 어머니와는 달리 자식들은 차 기름값과 홍시 한 소쿠리의 값을 저울질합니다. 하기야 그 기름값이면 홍시를 몇 소쿠리나 사고도 남습니다.

어머니는 그저 자식들 입에 하나 넣어주지 못하여 애간장이 다 녹는 듯합니다.

언제나 어둠살이 끼는 시간이라야 손바닥만한 일터에서 돌아오시는 어머니는 깜깜한 빈집으로 들어가 봐야 온기라고는 하나 없습니다. 그 차디찬 방에서 홀로 웅크리신 채 저녁밥을 드십니다. 고추당초보다 더 맵다는 시집살이를 늘그막까지 하신 어머니는 막상 당신은 칠순이 넘어도 밥상 차려 주는 자식 하나 없습니다. 자식들은 보일러에 기름을 넣어주며 난방을 잘 하라고 당부를 거듭합니다. 그러나 절약만 해 온 한평생의 습관을 바꾸긴 힘드신 모양입니다.

한겨울을 자식들 집에서 지내고 해동하면 가시라고 어머니를 억지로 모셔오기를 벌써 몇 차례나 했습니다. 그런데 이틀을 넘기지 못하고 귀가를 서두르십니다.

"시골 구석방에 숨겨놓은 참한 영감이라도 있능교?"

자식들은 억지를 쓰며 귀가를 만류하지만, 어머니는 한사코 보따리를 들고 시골집으로 가버리십니다.

주방 구석자리의 소쿠리에 가득 담긴 홍시를 봅니다. 소쿠리에는 쪼글쪼글한 어머니가 앉아계십니다. 나는 목이 메어 홍시를 먹을 수가 없습니다.

귀소歸巢

　우울하거나 특별한 사색이 필요할 때는 명상음악 귀소를 듣는다. 오카리나 연주곡인 그 음악은 생활에서 오는 팍팍함을 용해시키고 성정을 아름답게 이끌어준다. 오늘도 귀소를 들으며 이 순간에서 저 세상으로 생각의 건너뛰기를 한다.
　몇 번이나 호흡을 가다듬으며 산비탈을 오른 후에야 시어머니의 산소에 도착했다. 양지바른 곳에 자리한 시아버지의 산소와는 달리, 산비탈에 자리한 시어머니의 산소는 산그늘로 햇살이 짧아서인지 잔디가 잘 자라지 않았다. 잔디를 새로 입혀보기도 하고 그늘을 만드는 주변의 나무들을 자르기도 하였지만, 별반 달라지지 않고 여전히 초라해 보였다. 봉분 위에는 누군가의 발자국으로 반질반질했다. 하필이면 시어머니의 머리 부분이 자리하고 있는 곳이다. 아무래도 위쪽에 자리한 산소를 찾은 성묘객의 발걸음이 아닐까 싶었다.

아들은 밑그림조차 그릴 수 없는 할머니가 숱한 사람들에게 짓밟히고 있는 것이 못내 속상했는지 성묘를 마치자마자 가시넝쿨과 나뭇가지를 꺾어 울타리를 쳤다. 그러고도 안심이 되지 않은지 가파른 산비탈에 이리저리 엉켜진 잡풀과 나뭇가지를 잘라내고 떨어진 단풍잎을 쓸어내어 다른 곳으로 새로운 길을 만들었다.

　결혼식을 마치고 신행의 첫 도착지는 초라한 묘지 앞이었다. 묘지에는 산비탈 어디쯤서 주워 놓은 듯한 큼지막한 돌 하나가 웅크리고 있었다. 그 돌은 시어머니의 거처를 옮길 당시 중학생이었던 남편이 어머니의 가슴에 이름표를 달 듯 묘지 앞에 갖다 놓은 것이었다.

　"인사해. 여기에 어머니가 누워 계셔."

　가슴 깊은 곳에서 토해내듯 뱉은 남편의 목소리에는 서러움이 잔뜩 실려 있었다.

　열네 살에 아버지를 여의고 열여섯 살에 어머니마저 돌아가시자 졸지에 칠 남매의 소년가장이 된 남편과의 결혼은 이미 예견된 고난이었다. 주위의 많은 반대를 무릅쓰고 서툰 발걸음을 시작한 맏며느리의 자리는 아무리 거부하려 해도 거부할 수 없는, 어쩌면 언어로 다 표현할 수 없는 깊은 연민이 아니었을까 싶다.

　첫아이를 낳고 부기도 채 가시지 않은 모습으로 치러야 했던 시누이의 결혼식을 시작으로 시동생 두 명의 결혼식도 이어졌다. 간간이 형제들과의 동행에 예상치도 않은 덜커덩거림이 있을 때마다 야무지게 마음먹고 애써 담담함으로 가장해도 초심과는 달리 온몸의 세포는 시어머니에 대한 원망으로 꿈틀댔다.

무거운 짐들을 한 보따리 한 보따리 풀어헤칠 때마다 그 아득한 세월을 한 권의 책으로 엮고 싶다는 어쭙잖은 생각을 했었다. 온통 아우성뿐인 세월을 어설프게라도 엮을 수만 있다면 먼 후일 귀천하여 채권자가 채무자에게 부채를 요구하듯 시어머니 앞에 내어놓을 심산이었다.

시어머니께서 세상의 끈을 놓으셨을 때, 세 살배기였던 막내 시동생이 몇 해 전 일가를 이루었다. 벌써 몇 번이나 앉아 본 혼주의 자리라 새삼스러울 것이 없는 일이지만 서른 중반을 훌쩍 넘기고서야 결혼식장에 들어서는 막내 시동생을 보면서 여느 형제의 결혼식과 달리 만감이 교차하였다. 어린 시동생 탓에 새색시인 나를 영락없는 재취再娶 신세로 만들어 준 억울함이나, 이제 맏며느리의 소명을 완수하였다는 뿌듯함만은 아니었다.

그럭저럭 나의 결혼생활도 30년이 훌쩍 넘었다. 시어머니가 이 집안의 며느리로 사셨던 것보다 더 두터운 세월이다. 그 세월만큼이나 정도 얽히고설켜 그토록 낯설었던 이 집안의 인심도 이젠 시어머니보다 더 익숙해진 것 같다.

평소 그렇게도 시어머니께 하고 싶었던 많은 말도 언제부터인지 슬그머니 사라지고 아무리 떠올려도 텅 빈 허공뿐이다. 며리로서 시어머니를 향해 늘 불평만 해대었던 내가 어느새 이 집안에 일렁이는 조그만 바람에도 조바심이 나고 흔들림이 두렵기만 하다. 나의 신경 줄은 문밖의 저벅거리는 소리에 매달리게 되고 현관에 식구 수만큼의 가지런한 신발을 확인하고서야 안도하게 된다.

바람에 흔들려 서로 찢고 찢기며 살아온 두 나무의 가지가 적당히 포기하고 더러는 양보하여 하나가 된 연리지처럼, 어쩌면 고통의 나눔과 희열의 공감이 서로 일치가 되어, 지고 가는 삶의 무게만큼 기쁨과 보람도 크다는 평범한 진리를 스스로 체득한 것인지도 모르겠다.

평생 며느리로만 존재하리라 생각했던 나도 이제 이 집안의 굳은살이 박이고 얼마 후면 모든 허물과 절망을 품어야 할 시어머니가 될 것이다. 철없는 나의 투정에 늘 죄인이 되어야만 했던 남편도 이젠 머리가 희끗희끗하다. 생각해보면 고단한 삶에서 맏이의 정신적인 파업 한번 없이 신께 간절히 두 손을 모아온 그의 침묵적인 삶도 서럽기 그지없었으리라.

시어머니의 산소 앞에 줄지어 선 가족들이 정성스레 성묘한다. 잔디가 듬성듬성한 봉분을 보니 그동안 쏘아 올린 수많은 화살로 온통 상처투성이가 되었을 시어머니 생각에 가슴이 저린다. 두고 간 어린 자식으로 인하여 사후의 삶조차도 맏며느리에게 저당 잡힌 듯, 음습한 산자락에서 단 한 번의 뒤척임도 없이 속수무책으로 당하기만 했던 시어머니는 채무자였고, 나는 채권자의 모습이었다.

  삶은 살아 있는 자의 몫이라 했으니 나 역시 삶이 다 닳아지는 날, 살아 있는 이들에 의해 시어머니 곁에 나란히 눕게 될 것이다. 대대로 그들의 선조가 되어 보호를 받을 것이다. 시어머니 앞에 서게 될 날을 생각하면 두렵지만 그렇다고 거부할 수도 없는 일이다. 언제일지 모를 그 날을 위하여 머릿속에 각인되어있는 시어머니의 부채를 부지런히 지워 나가야겠다.

  가을 햇살이 유난히 눈부시다. 잔잔히 흐르고 있는 이 아름다운 귀소의 선율과 함께 내 마음도 바람결에 시어머니가 계신 곳까지 날아갔으면 좋겠다.

밥

한바탕 소동은 끝이 났다. 절박했던 회오리바람은 고요해지고 엄마는 깊은 잠에 빠졌다.

십여 년 전부터 엄마의 목소리는 텔레비전 볼륨과 비례하여 점점 높아갔다. 자식들과의 대화에서 수십 번 되묻는 엄마와, 똑같은 말을 영혼 없이 대답하는 자식들, 그러다 보니 부모자식간의 대화는 차츰 줄어들 수밖에 없었다.

늙는다는 것은 슬픈 일이다. 예외 없이 그 현실에 맞닥뜨린 엄마도 가끔 늙음에 대한 한탄과 무상함을 늘어놓았다. 엄마의 나이까지 닿아보지 못한 자식들은 매번 엄마 연세에 그 정도면 초롱이라며 한 귀로 듣고 한 귀로 흘려버렸다.

스스로 체력의 한계를 느껴서인지 엄마는 맏딸인 나를 붙들고 함께 살자는 말을 가끔 했다. 안방을 내어 줄 테니 와서 밥을 좀 해달라는 엄마의 말에 농담인 듯 내 가족은 어떻게 하냐며 웃어

넘겼다. 친정집에 갈 때마다 열어 본 밥솥 안에는 항상 밥이 가득했다. 해 놓은 지 오래된 것 같았지만 그럭저럭 끼니를 잘 해결하는구나 싶기도 했다.

듣기 좋은 꽃노래도 한두 번이지, 긁힌 레코드판처럼 수없이 되뇌는 엄마와 시골에서 함께 산다는 것은 나의 삶을 송두리째 포기해야만 된다. 아직 하고 싶은 일도 많고 가보고 싶은 곳도 많지만, 그 무엇보다 끝이 보이지 않는 일에 대한 두려움이 앞서기도 했다.

난청으로 몇 년을 고생하던 엄마에게 결국 치매라는 진단이 내려졌다. 과거에 대한 기억은 점점 사라지고 오직 자식과 집과 밥에 대한 기억뿐이었다. 인간의 원초적 본능인지 그 애착은 유별났다. 그런 엄마에게 편하다는 곳으로 거처를 옮기는 것은 심리적 죽음이나 다름없었다. 가끔은 정신이 영 없는 것 같기도 하고 어떤 때는 너무나 말짱한 모습이어서 당분간 지켜보자며 친정집에 CCTV를 설치했다.

경증이든 중증이든 환자를 돌보는 일은 고난의 연속이다. 그 사실을 알면서도 스스로 자청하고 주도한 가장 큰 이유는 엄마가 핑퐁게임의 슬픈 주인공이 되거나 형제자매의 끈끈한 띠앗에 상처가 되지 않을까 하는 오지랖에서였다.

이른 봄, 화면 속 엄마는 몹시 불편해 보였다. 뻗어버린 개구리 형상으로 배밀이를 하여 겨우 전화를 받았다. 어디 아프냐고 물어봐도 "밥은?", "올래?"라는 일방적인 대답뿐이었다. CCTV를 재생해보니 바지를 입다가 크게 넘어지는 모습이 보였다. 엄마를 병원으로 모셔갔지만, 의사의 문진에 상황 설명은 전혀 못하고 다른 세상 사람들이 만난 듯 말은 자꾸 어긋나기만 했다. 더 이상 혼자 계시게 할 수 없어 우리 집으로 모셔왔다.

한동안 젖은 낙엽처럼 축 처져있던 엄마는 아침저녁으로 정성스레 해준 마사지 덕분인지 허리병이 차츰 나아졌다. 몸을 움직일 수 있게 되자 집에 밥하러 가야 한다며 수시로 대문을 나섰다. 기억을 놓아가는 것이 날이 갈수록 심해지면서도 집과 밥에 대한 애착은 여전했다. 궁여지책으로 대문의 빗장을 걸고 번호 자물쇠까지 채웠다.

집 둘레에 핀 사계 장미가 눈부셨다. 계절의 여왕이란 이름답게 햇살은 탱글탱글했다. 여전히 호시탐탐 탈출을 노리는 엄마의 손을 잡고 맨발로 잔디 위를 걸으며 운동을 시켰다. 서로 손을 맞잡고 '푸른 하늘 은하수'나 '쎄쎄쎄' 놀이는 다행히도 몸이 기억하고 있었다. 평소 좋아했던 트로트를 크게 틀어 놓으니 덩실덩실 어깨춤까지 더했다.

놀이에 너무 힘을 썼는지 엄마는 엉금엉금 기다시피 방으로 들어가 이불을 폭 덮은 채 깊은 잠에 빠져들었다. 한시도 엄마에게서 눈을 뗄 수 없어 미뤄두었던 일을 하기에 안성맞춤인 듯했다. 텃밭 가꾸기에 두 손 두 발을 분주하게 움직이다 보니 적지 않은 시간이 흘렀다.

긴 잠을 깨우러 방에 들어가 보니 엄마가 없었다. 집 안팎과 텃밭까지 샅샅이 살펴봐도 흔적이 없고 대문은 여전히 굳게 잠긴 채였다. CCTV를 되돌려 봤다. 잠긴 대문 앞에 서성이던 엄마는 베고 자던 목침을 한 손에 든 채 대문을 몇 번 흔들다가 울타리 쪽으로 갔다. 나무와 나무 사이에 촘촘히 쳐놓은 철망을 한동안 밀었다 당겼다 반복하더니 힘겹게 울타리를 넘어 아랫길로 내려가는 모습이 보였다.

치매 진단을 받자마자 "치매 환자이니 연락 바랍니다"라는 문구와 전화번호를 새긴 목걸이를 엄마의 목에 걸어두었다. 경찰서 지문등록까지 해 두었으니 그나마 다행이라 여겼다. 쉽게 찾을 수 있을 것이라는 생각을 하며 신작로까지 외길인 3Km를 달려 가봐도 엄마는 보이지 않았다.

실종신고를 했다. 인상착의를 묻는 경찰의 전화만 몇 차례 올 뿐 땅거미가 내려앉고 어둠이 짙어져도 감감무소식이었다. 야간에는 교통사고나 저체온으로 위험해질 수 있다는 생각이 들자 다급해지기 시작했다. 연락을 받고 달려온 동생들과 이리저리 흩어져 엄마의 행방을 찾아 나섰다. 시간은 야속하게도 무심히 흘러 밤은 깊어만 갔다.

명치끝이 저릿저릿 아파 왔다. 오만가지 불길함에 휩싸여 있을 때 낯선 전화가 걸려왔다. 제법 멀리 떨어진 어느 파출소였다. 25리쯤 걸어간 엄마는 어둠이 한 꺼풀씩 내려앉자 신호대기하던 차량의 뒷문 손잡이를 붙잡고 늘어졌다. 팔공산에서 경산 와촌으로 넘어가는 인적 드문 깜깜한 산길에서 노파의 느닷없는 기습에 당황한 운전자는 집이 어디냐고 물었다. 횡설수설 도무지 알아들을 수 없는 말에 할 수 없이 목적지 주변의 파출소에 모셨다는 것이다.

순찰차에 실려 온 엄마의 가슴에는 붉은 장미가 한 아름 안겨 있었다. 짚으로 장미를 묶은 걸 보니 걸어 내려가는 길가 울타리에서 꺾은 모양이다. 환한 미소를 짓고 있는 엄마에게 어디 갔다 왔냐고 물으니 밥하러 집에 갔다고 했다. 이젠 기억도 정신도 흐릿한 모습에 자식들은 눈물만 지었다.

자식들 먹이는 일이라면 전투적이었던 엄마는 자식들의 영원한 밥이었다. 생존의 필수적인 동력을 나에게 제공한 것이 엄마였다면 이제 내가 엄마의 밥이 되어야 한다. 마음을 담은 따뜻한 밥 한 그릇, 그 밥이 엄마의 생을 지탱해주고 이어주는 에너지이기 때문이다.

치매는 외로움에서 비롯된다는 정신의학 자료가 가슴을 짓누른다. 병이 깊어지기 전부터 밥을 좀 해줬으면 했던 엄마. 그것이 어디 밥뿐이었을까. 긴긴밤 홀로 얼마나 허기지고 외로웠을까. 나는 속죄하는 마음으로 따뜻한 밥을 지어 엄마의 밥상을 차린다. 그것이 치매 중증인 엄마를 요양시설에 보내지 못하는 이유이기도 하다.

아버지의 군번

　한국전쟁 당시 근무한 장교들에게 퇴직급여금을 지급한다는 텔레비전 뉴스가 나왔다. 보도가 나온 직후 삼촌의 전화를 받았다. 일흔 중반을 넘어선 삼촌은 삭은 이빨 탓인지 말을 제대로 알아들을 수 없었다. 몇 번이나 되물은 끝에 열 개의 숫자를 겨우 받아 적었다. 삼촌이 불러준 것은 아버지의 군번이었다.
　1959년 이전에 퇴직한 장교라면 아버지도 퇴직급여 수급자에 속했다. 그러나 아버지는 이미 닿을 수 없는 곳으로 가신 지 강산이 변하고도 몇 년이란 세월이 더 흘렀다. 그렇다고 가족 중에 아버지가 근무했던 연도와 계급과 군번을 정확히 기억하는 사람은 아무도 없었다. 단지 한국전쟁이 일어나자 열일곱 살의 나이에 강제 징집되었다는 것과 7년 동안 군 복무를 했다는 말만 들었다. 전쟁터에서 피 끓는 젊음을 다 보냈었다는 아버지의 말이 설핏 기억날 뿐이었다.

아버지와 삼촌은 세 살 터울이다. 형제인데도 두 분의 성정은 판이하게 달랐다. 아버지가 어질고 예의 바른 맏이였다면, 삼촌은 영리한 지차였다. 아버지가 어항 속의 금붕어라면 삼촌은 호수 속의 퍼들퍼들한 잉어였다. 성격만큼 체격도 판이하게 달랐다.

삼촌의 타고난 성격 탓인지 아니면 할머니의 편애였는지 알 수는 없으나 학벌에서도 많은 차이가 났다. 보릿고개를 넘기기도 힘들었던 탓에 아버지와 다른 형제들은 초등학교만 겨우 졸업하였으나, 삼촌은 왕복 칠십 리나 되는 먼 길을 걸어 고등학교까지 다녔다.

가진 것도 별반 없고 배움도 고만고만한 시골 동네에서 모든 일에는 항상 삼촌이 중심이 되었고, 자연스레 삼촌의 목소리도 점점 커졌다. 할머니는 그런 아들을 몹시 대견해 했다. 어쩌면 잘난 아들을 앞세워 곤궁했던 삶의 물줄기를 바꾸고 싶었는지도 모르겠다.

집안의 모든 기준을 삼촌에게 맞춘 할머니는 아버지의 결혼식 때 입을 예복마저도 삼촌의 몸에 맞추도록 하셨다. 어차피 농사를 지을 큰아들은 결혼식 때 한번 입고 말 것이고, 작은아들은 외출도 잦을 것이니 이왕이면 귀한 양복을 작은아들의 몸에 맞추어야 한다는 것이었다.

시집을 오기 전부터 그런 편애를 받은 어머니의 입장에서 보면 얼마나 어이가 없는 일이었을까. 시대적 경제 사정과 할머니의 강력한 주장으로 그 말을 따를 수밖에 없었다.

"내가 잘살게 되면 절대 혼자만 잘 살지 않을끼구마!" 삼촌은 이 한마디 말로 미안한 마음을 대신했다.

삼촌은 결혼해서 신접살림을 날 때와 객지에서 가게를 차린다며 문전옥답을 팔아 갈 때도 그 말을 잊지 않았다. 이런저런 이유로 논밭을 팔아 갈 때마다 그 말이 후렴처럼 따라다녔다.

할머니는 삶이 서러울 때마다 땅을 치며 우시다가도 작은아들이 오면 모든 것이 다 해결될 것이라며 스스로 위안으로 삼았다. 큰아들 내외에게 조금이라도 섭섭한 마음이 들면 밤새도록 완행열차를 타고 작은아들 집으로 가시는 일도 잦았다.

어머니와 아버지의 고성이 밤새 오간 이튿날도 할머니는 새벽같이 집을 나섰다. 경부선 완행열차를 타고 가다 호남선으로 갈아타야 하는 번거로움도 개의치 않고 작은아들 집으로 가셨다. 그러나 가신 지 며칠 만에 돌아오신 할머니는 우리 형제들을 끌어안으며 한없이 우셨다.

"아이고, 내 새끼들, 너거 애비 불쌍해서 우짜꼬."

무슨 연유인지 알 수는 없었으나 할머니는 그 이후로는 다시는 삼촌 집으로 가지 않으셨다.

한 짐을 벗고 나면 또 다른 짐을 져야 하는 부모님의 한숨 소리를 들을 때마다 나는 '절대 혼자서만 잘살지는 않을 것'이라던 삼촌의 말이 생각났다. 부모님은 한 번도 맛본 적 없는 달콤한 사탕과도 같은 그 말이 어린 우리 형제들의 가슴속에는 세월이 갈수록 차츰 원망이라는 두꺼운 각질로 변해 갔다.

기대가 크면 실망도 크고 정이 깊으면 원망도 깊다고 했는가. 집안의 경조사에서도 할 만큼 한 부조금일지라도 삼촌의 봉투만은 유난히 얇아 보였고, 삼촌의 이유 있는 불참도 변명으로밖에 들리지 않았다. 집안의 대소사에 삼촌이 관심을 보이지 않을 때는 후렴처럼 했던 그 말이 늘 생각나곤 했다.

어쩌면 그 모든 것이 우리 형제들의 주관적인 생각일지도 모른다. 지극히 주관적이라 할지라도 어릴 때부터 보고 나름대로 느껴 왔던 불만들을 어느 누구도 입 밖으로 내는 형제들이 없었다. 자칫 저 너머의 세상에서 내려다보실 아버지의 가슴에 큰 주름을 하나 더 만드는 일이 될까 싶어 삼촌은 그저 멀지도 가깝지도 않은 느슨한 끈 같은 존재로만 생각했었다.

요즘은 배우자의 주민등록 번호나 은행의 계좌 번호는 물론이고 자식의 휴대폰 번호도 한 자리의 단축 번호로만 기억하는 복잡한 시대다. 이 복잡한 시대에 아버지의 군번은 반세기가 넘도록 삼촌의 가슴속에 또렷이 살아 있었다. 느슨한 끈처럼 혈육에 대한 애정 따윈 기대조차 하지 않았던 삼촌도 살아오는 동안 '혼자만 잘 살지 않을 것'이라며 무수히 내뱉은 말의 빚이 참으로 컸었던 모양이다. 어쩌면 아버지의 군번은 삼촌이 60년이 넘는 세월 동안 주홍글씨로 새겨져 무거운 채무로 자리하고 있었는지 모르겠다. 군번 열 개의 숫자에 오랜 세월 켜켜이 쌓였던 삼촌에 대한 원망의 각질이 다 녹아내리는 듯하다.

대장놀이

　창을 넘나드는 바람이 제법 싱그럽다. 바람은 꽃들의 얼굴을 툭툭 치며 스쳐 간다. 그토록 맹렬했던 여름도 이 가을을 잉태하기 위함이었을까. 가을 들녘도 덩달아 누렇게 익어간다. '더도 덜도 말고 한가위만 같아라'라는 말처럼 어릴 적 그토록 손꼽아 기다렸던 추석 명절이 눈앞이다. 이번 명절에도 어김없이 형제자매들과 조카들, 그리고 손주들까지 모두 한자리에 모일 것이다.

　철 지난 달력을 찢어 손주와 함께 딱지를 접는다. 이번 추석에는 손주들과 딱지치기를 할 생각이다. 접고 보니 너무 밋밋하다. 빨강 파랑 노랑색의 별모양 스티커를 붙이니 더없이 화려하고 예쁜 딱지가 된다. 딱지를 처음 접해 본 손주 앞에 며칠 전 완구점에서 사놓았던 폭죽과 풍선 뽑기를 내놓는다. 유년시절 학교 앞 문방구에 쪼그리고 앉아 내가 경험했고 내 아들이 경험했던 그 아련한 추억들을 이제 내 손주들이 경험하게 해주고 싶어

서다. 흥분하여 어쩔 줄 모르는 손주를 보니 강산이 세 번이나 더 변했을 오래된 기억들이 새록새록 떠오른다.

명절이 되면 형제들은 친정집에 모였다. 한자리에 모이게 되면 남자들은 고스톱놀이, 여자들은 지난 추억을 밑천으로 이야기꽃이 만발했다. 여덟 명이나 되는 꼬마 조카들의 나이가 고만고만하여 저들끼리 친구가 되어 잘 놀다가도 무료해지면 나의 손을 잡아끌었다. 꼬마들의 손에 이끌려 나는 미리 준비해간 선물을 한 보따리 내놓았다.

풍선 뽑기를 하였다. 풍선 뽑기는 큰 마분지에 여러 가지 모양의 풍선이 달려있고, 그 아래에는 동그란 번호가 50개 붙어 있었다. 그중 마음에 드는 번호를 하나 떼면 그 번호에 맞는 풍선을 뽑을 수가 있다. 그 풍선에 바람을 불어 넣으면 동물의 모양이거나 다른 형태의 풍선이 되기도 한다. 시범으로 풍선을 하나 뽑아 불어보니 토끼 모양이었다. 풍선에다 매직으로 눈, 코, 잎을 그려 넣으면 생동감을 더해 동심을 더욱 자극했다.

다음에는 폭죽 시범을 보였다. 마당 중간쯤에 연탄재를 갖다 놓고 그 속에 폭죽을 끼워서 심지에 불을 붙이면 "피~웈" 하며 하늘로 높이 솟아올랐다. 조용한 시골 하늘을 날아올라 '팡, 팡, 팡' 하며 연발로 터졌다. 아이들이 폭죽을 보며 환호성을 질렀다. 천방지축이던 아이들을 한자리에 모으기엔 이보다 더 좋은 것은 없었다. 30연발로 터지는 폭죽만으로도 나는 인디언의 추장처럼 어느새 대장이나 다름없었다. 허공에 날아올라 아름다운 불꽃이 된 폭죽은 온 동네에 명절임을 각인시켰다. 폭죽을 본 동네 꼬마들까지 하나둘 모여들었다.

그 일들을 처음으로 경험하는 아이들의 얼굴이 발갛게 상기되었다. 나이가 많은 놈부터 차츰 흥분하기 시작했다. 나는 평상 위에 폭죽과 풍선을 늘어놓고 동심을 유혹했다. 아우성인지 환호성인지 모를 괴성을 지르며 완전 흥분의 도가니나 다름없었다. 하나만 달라고 사정하는 아이들의 요구에 나는 대장답게 목에 잔뜩 힘을 주고 '사가라'고 단호하게 말했다. 명절만큼은 호주머니가 두둑해진 아이들이다. 놀이가 끝나고 다시 되돌려 줄 돈이라는 걸 알지 못하는 아이들은 치사하다는 표정들이었다. 더욱 배짱을 부리는 나에게 거세게 항의했다. 그러나 저들도 금세 포기하고는 파란색의 지폐를 내어 한꺼번에 폭죽 몇 개를 사는 녀석이 있었다. 반면 호주머니의 돈을 몇 번이나 꺼냈다 넣었다 반복하며 망설이기를 거듭하다가 겨우 풍선을 한 개 사는 녀석도 있었다. 그렇게 작은 일에서도 녀석들의 대범함과 신중함이 드러나기도 했다.

아이들의 한바탕 축제에 힐끔힐끔 밖을 내다보며 건성으로 고스톱 치던 어른들도 모두 마당으로 나왔다. 어린 제 아이들이 쏘아 올릴 폭죽에다 불을 댕기며 이래저래 훈수를 두기도 했다.

놀이를 통하여 아이들과의 소통은 나에게는 더없이 가치 있고 즐거운 일이 아닐 수 없다. 나를 대장으로 만들어 주는 대상이 조카들에게서 이제 손주들로 자리이동 되긴 했지만, 그 시간만큼은 무미건조한 내 삶에 신선함마저 깃들게 한다.

사람은 무언가를 사랑한 넓이와 깊이만큼 산다고 한다. 다가올 명절에 손주들의 대장이 되어 딱지놀이와 폭죽놀이 할 생각을 하면 도돌이표를 찍어 유년으로 되돌아가는 느낌이다. 잠시나마 되돌려진 시간 속에서 내게 주어진 것들을 아낌없이 사랑하고 싶다.

다섯 살 손녀의 철학

　제주도에 도착했다. 다섯 살짜리 손녀는 제 몸보다 더 큰 캐리어를 끌면서도 발걸음이 가벼웠다. 날아갈 듯 경쾌한 손녀의 기분과는 달리 내게는 이번 여행이 어쩌면 고행이 될 것이란 예감이 자꾸 앞섰다. 우리 세 자매, 셋째를 가져 만삭인 딸, 다섯 살 손녀, 세 살 손자가 함께 왔기 때문이다. 모든 일정은 딸의 가족에게 맞추어졌다.

　"할머니, 어제는 바다에 갔으니 오늘은 산으로 가요."

　이틀째 되는 날 잠자리에서 일어난 손녀가 뜬금없이 내뱉은 말이었다. 마침 숙소가 다랑쉬오름 부근이었다. 산봉우리의 분화구가 달처럼 둥글게 보인다 하여 월랑봉月朗峰이라고도 불리는 다랑쉬오름은, 오름의 여왕이라는 별칭을 가지고 있을 만큼 아름다운 곳으로 알려져 있다.

　탐방로 입구에 도착하니 경사가 여간 가파르지 않았다. 엄마의 젖가슴이 연상되는 부드러운 곡선의 여느 오름과는 달리 깎아지른 듯 경사가 가파르고 그 높이도 만만치 않았다. 보통의 오름이야 동네 뒷산처럼 가벼운 마음으로 오를 수 있지만, 다랑쉬오름은 어린아이를 동반하기에는 결코 쉬운 곳이 아니었다.

아무래도 무리일 것 같아 딸과 아이들은 주차장에서 기다리기로 하고 우리 세 자매만 오르자고 했다. 그런데 다섯 살짜리 손녀가 한사코 함께 가겠다며 따라나섰다. 중간에서 업거나 안아야 하는 상황이 될 것 같아 설득을 해보아도 손녀는 절대 그러지 않을 거라며 새끼손가락을 내밀었다.

초입은 삼나무가 터널을 이루고 있었다. 가파른 경사를 이용하여 지그재그 계단으로 되어 있는 탐방로는 키 큰 삼나무와 키 작은 소나무, 그 사이에는 듬성듬성 쑥부쟁이와 억새들이 무리를 이루고 있었다. 큰 나무와 작은 나무, 작은 풀꽃들이 서로 상생하는 모습이 신비롭기 그지없었다.

세 자매는 손녀의 보폭에 맞춰 천천히 계단을 올랐다. 쉽지 않을 것이라 생각했던 손녀의 걸음은 예상과 전혀 달랐다. 놀랍게도 토끼마냥 깡충깡충 뛰며 앞서 올라갔다. 이마에 땀이 송글송글 맺히도록 한참을 올라가다가 시야에서 우리가 보이지 않으면 다시 되돌아 내려와 재잘댔다.

정작 걱정했던 손녀보다 더 힘들어하는 쪽은 나와 동생들이었다. 그동안 운동을 게을리했던 결과가 여실히 드러났다. 숨이 턱까지 차올랐다. 거친 숨소리를 잠재울 요량으로 잠시 발걸음을 멈추고 손녀에게 물었다.

"밑에 엄마랑 동생이 기다리고 있는데 우리 그만 내려갈까?"

"안돼요. 할머니! 힘들어도 조금만 참고 가면 끝이 나와."

전혀 예상 밖의 대답을 한 손녀는 지칠 줄 모르는 생기로 팔딱팔딱 잘도 뛰어올랐다. 우리 세 자매는 돌아가며 엄살을 부렸다. 손녀는 고사리 같은 손으로 우리 세 자매의 등을 번갈아 가며 밀었다.

드디어 정상에 올랐다. 구름 한 점 없는 파란 하늘과 맞닿은 성산의 쪽빛 바다가 한눈에 들어왔다. 확 트인 전망과는 달리 분화구는 우묵하였다. 마치 엄마의 품속처럼 깊고 아늑한 그곳에는 키 작은 식물들이 옹기종기 서식하고 있었다. 여태껏 저 바깥세상을 한 번도 볼 수 없었을 식물들, 어쩌면 바람과 구름이 전해주는 세상 이야기에 호기심이 일어 밤마다 까치발 돋움으로 몸과 마음을 키우고 있었을지도 모를 일이다.

분화구속의 작은 식물들처럼 아직 세상 밖을 모르리라 생각했던 다섯 살배기 손녀는 어떤 일이든 힘들어도 참고 가면 끝이 나온다는 이치를 어느새 깨치고 있었다. 아이들의 말에도 때로는 철학이 담겨 있고, 무심코 내뱉은 말에서 종종 묵직한 깨달음을 얻기도 한다.

다섯 살 아이도 깨닫는 삶의 단순한 철학을 나는 편협한 관념에 갇혀 있었다. 희망과 격려보다 어려서 할 수 없을 것이라 예단한 자신이 부끄러웠다. 할 수 있다는 손녀의 당찬 자신감을 확인한 하산길의 발걸음은 몹시 가벼웠다.

제4부

진실만이 희망이다

현실을 왜곡하고 허위사실을 유포하여 특정인에게 상처를 주고 혼란에 빠트리는 일은 이제 없었으면 좋겠다. 수요가 없으면 공급이 없다는 경제 논리처럼 제아무리 달콤한 언어로 분홍빛 미래를 제시한다 해도 비난 일색인 사람에겐 더 이상 마음을 주지 않으면 그만이다.

- 진실만이 희망이다 - 1월
- 봄바람 - 2월
- 봄빛 - 3월
- 말 - 4월
- 가장들의 숨비소리 - 5월
- 부끄러운 유월 - 6월
- 사랑의 가족 - 7월
- 술 - 8월
- 여수의 밤 - 9월
- 지키지 못한 약속 - 10월
- 감 - 11월
- 따뜻한 행복 - 12월

진실만이 희망이다
- 1월

　디지털 만능시대다. 인터넷이나 스마트폰, 태블릿PC 등 다양한 매체들이 생활 속에 깊숙이 자리하고 있다.
　나 역시 **빠른** 정보 습득과 즐거움을 선사한다는 이점에 편승하여 스마트폰의 대열에 합류하였다. 마치 세상이 내 손바닥 안에 들어 있는 것처럼 다양한 기능에 탄복하지 않을 수 없었다. 일반인도 조금만 숙지하면 편집자가 되는가 하면 영상 제작자가 될 수 있어 스마트폰의 매력에 푹 **빠졌다**.
　새해 벽두부터 연하장을 대신하는 메시지가 홍수를 이루었다. 편집 기술이 얼마나 뛰어난지 액정화면을 조금씩만 밀어 올려도 용이 꿈틀거리며 곧 하늘로 승천할 것 같았다. 마치 약속이나 한 듯 이곳저곳에서 똑같은 형상의 용이 날아들었다. 아무리 좋고 귀한 것이라도 넘치게 되면 그 가치는 떨어질 수밖에 없는 법이다. 영상의 이미지나 토씨 하나 틀리지 않고 반복되어 날아드는 메시지에 식상해질 즈음, 동영상이 하나 날아들었다. 때마침 지하철 안이라 시선 둘 곳이 없던 차에 반갑게 열어보았다. 그러나 깜짝 놀라 주변을 살피지 않을 수 없었다. 다름 아닌 젊은 연예인의 사생활 영상이었다. 누가 볼세라 얼른 꺼버렸지만, 얼마 지나지 않아 또 다른 사람에게서 똑같은 동영상이 배달되어왔다. 그러고도 같은 동영상을 몇 번 더 받고 나자 스마트폰이 주는 유익함과 즐거움보다는 두려운 마음이 더 앞섰다.

사이버의 익명성이 주는 폐해는 테러에 가깝다. 그 일이 사실이든 아니든 간에 당사자나 가족이 겪는 고통과 상처는 이루 말할 수가 없을 것이다. 더구나 인터넷으로 흘러든 정보는 전염성이 강한 바이러스처럼 삽시간에 사방으로 퍼지게 된다.

트위터, 페이스북 등 SNS의 해악에 대해서 거의 매일 논란이 끊이지 않고 있다. 어느 정보를 한 사람이 5명에게 이야기하고, 그 사람들이 다시 각자 5명에게 전달하는 과정을 열 번만 거치게 되면 천만 명에 가까운 사람이 똑같은 정보를 공유하게 된다고 한다. 정보가 실제와 다르게 조작이 되어 유포되는 것이 현대 디지털 시대의 치명적인 함정이다. 진실과는 전혀 다른 허위가 판을 치고 있지만, 정작 더 두려운 것은 어느 것이 진실이고 어느 것이 허위인지 구별조차 할 수 없다는 것이다. 오프라인이든 온라인이든 진실이 결여된 사회는 미래의 희망 또한 기대하기가 어렵다.

올해는 총선이 있다. 이번 선거에서는 강력한 전파력을 가진 SNS나 스마트폰이 엄청난 영향을 미치지 않을까 싶다. 전략적으로 얼마나 잘 활용하느냐에 따라 큰 변수로 작용하기에 날이 갈수록 SNS를 이용한 선거가 과열될 전망 또한 높다. SNS를 통해 일파만파로 퍼질 악성루머나 거짓 정보들로 이 사회가 혼란에 빠지지 않을까 심히 우려된다.

현대인의 삶은 점점 디지털에 종속되어 간다고 해도 과언이 아니다. 아무리 문명이 발달해도 세상의 중심은 사람이어야 하고 또 사람이 우선되어야 한다. 그러기 위해서는 무엇보다 사회를 이성적으로 바라보는 지혜가 필요하다. 디지털이 주는 폐해와 해악에 대처하기 위해서는 어떤 바람에도 휘둘리지 않는 마음의 중심 잡기가 시급하다.

현실을 왜곡하고 허위사실을 유포하여 특정인에게 상처를 주고 혼란에 빠트리는 일은 이제 없었으면 좋겠다. 수요가 없으면 공급이 없다는 경제 논리처럼 제아무리 달콤한 언어로 분홍빛 미래를 제시한다 해도 비난 일색인 사람에겐 더 이상 마음을 주지 않으면 그만이다.

현실 세계든 인터넷 세상이든 오직 진실만이 희망이기 때문이다.

봄바람
- 2월

    인터넷에 올라온 이탈리아 여인의 인터뷰 기사가 눈길을 끈다. 사업에 실패한 아들에게 일할 자리를 마련해 준다면 몸 일부라도 떼어주겠다는 기사다. 더 이상 잃을 것도, 부끄러울 것도 없는 서른여덟 살의 아들이 다시 웃음을 찾는다면 자신의 신장이라도 기꺼이 내놓을 생각이라고 했다. 아들의 삶을 위해 헌신하겠다는 모성애에 가슴이 아리다. 어머니의 마음은 동서를 막론하고 다 같은 모양이다.

    그저께 조카의 졸업식에 참석했다가 낯선 풍경을 경험했다. 온 가족이 출동해 축제의 분위기를 연출했던 예전의 졸업식과는 너무나 거리가 먼 분위기여서다. 식장을 가득 채워야 할 주인공들은 절반도 되지 않고 빈자리에는 늦추위만 맴돌 뿐, 졸업식은 그저 형식적인 통과의례로 진행되었다.

    대학 졸업은 자식이 부모의 품에서 독립하여 당당히 사회를 향해 내딛는 첫걸음이다. 지금까지 쌓은 학문과 소양으로 원대한 꿈을 맘껏 펼쳐야 할 졸업생들의 그늘진 모습에 가족들의 심경 또한 착잡하기 이를 데 없었다. 띄엄띄엄 사진을 찍는 모습에서 오랜 세월 뒷바라지를 끝낸 안도감 같은 미소가 설핏 지나갈 뿐, 손에 든 졸업장과 머리에 쓴 사각모는 더 이상 빛나지 않았다.

자식을 위해 못할 것이 없는 존재가 부모들이다. 태어나자마자 남다른 우유를 먹이고, 좋은 이름이 붙은 유치원에 입학시키려고 갖은 애를 쓴다. 집을 줄이더라도 좋은 학군으로 이사를 하고, 먹을 것을 줄여서 비싼 과외를 시키기도 한다. 자식을 좋은 대학에 보내려고 모든 에너지를 쏟아붓는 것이 이 땅의 부모들이다. 입시전쟁으로 한바탕 진통을 겪고 나면 등록금 걱정으로 숨이 막힌다. 현실이 아무리 어렵더라도 졸업만 하면 내 아이만은 취업이 될 것이라는 희망도 잃지 않는다. 그 한 가닥의 희망을 걸고 학자금 대출까지 하여 졸업을 하지만 현실은 혹한보다 더 모질다.

이미 취업의 행운을 얻은 이들이야 예외겠지만, 이태백, 삼팔선, 사오정, 오륙도는 옛말이 되고, 이십대의 구할이 백수라는 '이구백', 졸업과 동시에 백수가 된다는 '졸백', 아예 취업을 포기한 '니트족'이라는 신조어만 생겨난다.

너나없이 답답한 이월이다. 하지만 입춘이 지나고 우수도 지났다. 아직 얼어붙은 땅이지만 봄은 어김없이 올 것이고 세상의 꽃들도 모두 피어날 것이다. 어둠이 빛을 이길 수 없듯 혹독한 추위도 봄바람을 이기지 못한다. 그러기에 어떠한 고통과 절망도 인간의 의지보다 강할 수는 없을 것이다.

며칠 전, 어느 젊은 여성이 만들었다는 '월간잉여'라는 잡지가 작은 미소를 짓게 했다. 대학을 졸업하고 수없이 취업의 문을 두드렸지만, 매번 낙방의 고배를 마셨다는 그녀가 책을 만든 이유는 잉여들에게 조금이나마 위로와 웃음을 주고 싶어서라는 것이다. 그것도 아르바이트해서 번 돈으로 책을 만들어 무료로 배포했다는 말에 가슴이 찡했다. 잉여剩餘는 나머지라는 뜻이다. 그러나 '잉여'는 나머지가 아니라 포기와 패배감 대신 새로운 가능성을 보여주는 발견되지 못한 자원이기도 하다.

이 세상의 자원인 청년은 인생의 꽃이다. 실업의 혹한 속에 있어도 그들에겐 꿈이 있고, 사랑이 있고, 미래가 있기에 꽃이라 아니할 수 없다. 봄을 기다리는 마음이 간절하다. 대지의 긴 침묵을 밀어내고 새움을 틔우는 봄꽃이야말로 봄의 생명이요, 세상의 희망이 아니겠는가.

보다 근본적이고 획기적인 실업 대책으로 젊은이들의 가슴에도 봄바람이 불었으면 좋겠다. 그리하여 우리 젊은이들의 얼굴에 웃음꽃이 만발하기를 빈다.

봄빛
- 3월

 춘분이 지나니 창가에 투영되어 오는 햇살만으로도 봄이 와르르 쏟아질 것 같다. 도무지 봄이 올 것 같지 않은 현실에도 여기저기 꽃소식이 들려온다.
 봄 햇살에 이끌려 집을 나선다. 외곽지 채마밭으로 가는 길에 차가 밀린다. 횡단보도 앞에 신호가 바뀌기를 기다리며 잠깐 차창으로 눈을 돌린다. 작은 화초들이 가득한 화원에는 봄을 사기 위한 사람들로 붐빈다. 산을 한 굽이 돌아가자 거름을 내는 차가 들판까지 들어가 있고, 비닐하우스 안팎으로 사람들의 발길이 분주하다.
 일 년 중 농부들이 일하기에 가장 좋은 시기가 춘분 때라고 한다. 춘분은 기온이 상승하여 만물이 약동하는 시기라 이때 밭을 갈지 않으면 일 년 내내 배부르지 못한다. 게으르다는 소리를 듣게 될까 봐 나도 틈만 있으면 들 나들이를 즐기는 중이다.

며칠 전 외곽지에서 볼일을 마치고 귀가하는 길이었다. 집까지 가는 시간이 만만찮은 터라 빈자리에 앉아 두 눈을 지그시 감았다. 버스가 다음 정류장에 서자 양손에 짐을 가득 든 중년의 남자가 버스에 올랐다. 아마도 어디 흙일이라도 한 듯 옷매무새가 험했다. 곧 출발한 버스가 십여 미터나 갔을까 갑자기 '끽' 소리를 내며 급제동을 하였다. 버스 안에 있던 승객들의 눈과 귀는 모두 앞쪽으로 쏠렸다.

맨 뒷자리에 앉은 나의 귀에까지 운전기사의 고함소리가 들렸다. 내리라고 재촉하는 운전기사와 좀 봐달라는 남자의 실랑이가 한참 동안 이어졌다. 급히 나오느라 차비를 챙기지 못했다며 연거푸 사정하는 남자와 운전기사의 거친 목소리는 계속 이어졌다. 아무래도 운전기사가 좀 심하다는 생각이 들었다. 교통카드를 챙겨 자리에서 막 일어서려는데 중학생쯤으로 보이는 한 여학생이 운전기사에게 다가가 푸른 지폐 한 장을 내밀었다.

"아저씨! 어른에게 너무 그러시면 안 되잖아요. 이 돈으로 저분 차비 계산하세요."

이 시대의 현실은 한겨울의 추위보다 더 맵고 차다. 그러나 다른 사람의 차비를 계산하고 자리까지 양보한 어린 여학생의 모습에서 희망을 보았다. 그리고 풋풋한 봄빛을 느꼈다.

겨울이 혹독하고 길수록 봄은 더욱 찬란한 법이다. 꽃샘추위가 벌써 몇 번째이건만 들녘엔 엷은 풀빛이 깔리고 있다. 소리

없이 당도한 봄을 어찌 알았을까.

　겨우내 묵혀두었던 채마밭에도 봄의 기운이 스멀스멀 깃든다. 여기저기 쑥과 냉이와 풀꽃들이 점점 자리를 넓혀가고 있다. 알싸한 꽃샘추위에도 가지마다 오종종하게 달린 청매화와 홍매화도 덩달아 꽃망울을 툭툭 터트리고 있다. 밭과 이웃하고 있는 야산 언덕배기에는 햇살을 쭉쭉 빨아먹은 배나무와 복숭아나무의 가지에도 수줍은 듯 봉우리를 맺고 있다. 얼마 후면 저들도 앞다투어 꽃을 피워낼 것이다. 그리하여 대지는 온통 천상의 화원으로 바뀌리라.

　희망의 봄이 오는 곳이 어디 대지뿐이랴. 버스에서 만난 그 당찬 소녀야말로 우리의 봄이며 꽃 중의 꽃이 아니겠는가. 탱탱하게 부풀어 오르는 이 봄, 푸석해진 밭에 두엄을 내고 밭갈이를 해야겠다. 이랑마다 씨앗을 뿌리며 희망도 파종할 것이다. 그리고 달작지근하게 무르익은 희망의 열매를 기대하며 더없는 축복인 이 한 줌의 봄빛을 오래도록 사랑해야겠다.

말言
- 4월

    산수유 꽃이 흐드러지게 핀 산골로 이틀간의 피정을 다녀왔다. 무엇엔가 쫓기듯 허둥지둥 살아간다는 느낌이 들 때마다 고요한 기도의 삶을 살고 싶던 바람을 실천에 옮긴 것이다.
    피정의 주제가 '침묵'인 까닭인지 해가 일찍 진 마을은 제 먼저 침묵에 잠겼다. 간간이 꽃나무 사이로 일렁이는 바람소리만 들려올 뿐, 고요한 산골은 세상을 향해 활짝 열어두었던 문에 잠시 빗장을 지르고 침묵하기에 더없이 좋았다.
    피정의 프로그램은 연말까지 시한부 삶이라는 가정假定에서 시작되었다. 살아오면서 나를 행복하게 한 사람과 가장 큰 상처 준 사람을 떠올려보라고 했다. 만 하루의 시간이지만 침묵을 지킨다는 것은 결코 쉬운 일이 아니었다.
    침묵으로 말을 거세하자 나에게 행복을 준 사람과 가장 큰 상처 준 사람은 다름 아닌 바로 가족이었다. 그 행복과 상처는 언제나 한마디 말의 씨앗에서 비롯되었다.

　말이 참 많은 세상이다. 분별없는 말이 넘쳐날수록 세상은 시끄러운 법이다. 지난 선거에서도 온갖 말이 난무했다. 국민을 위해 일하겠다고 나선 국회의원 선거 출마자들은 구체적인 실천 방안을 내놓지 못하고 경쟁자의 흑색선전에만 집중했다. 입담이 걸출한 어느 한 출마자는 막말로 많은 파문을 일으키더니 결국은 그 말 때문에 발목이 잡히기도 했다. 그것은 비단 정치판만이 아니다. 어느 단체를 가나 사람이 모인 자리라면 칭찬보다는 비난의 말들이 난무하는 것이 현실이다.

　다큐멘터리 영화 '위대한 침묵'은 알프스의 '카르타치오' 봉쇄 수도원에서 촬영한 영화다. 스크린에는 대사 한마디 없이 수사들의 일상과 알프스의 사계로만 채워졌다. 언어가 잠재워진 그곳에는 바람 소리와 옷깃 스치는 소리만 들려왔다. 누구도 쉬이 들여다보지 못했던 수도자의 내밀한 침묵은 온갖 미사여구를 사용하는 어떤 말보다 더 깊은 언어가 되었다.

　사람은 얽히고설킨 관계 속에서 살아갈 수밖에 없고, 그 삶의 중심에는 말이 있다. 말은 큰 희망과 용기를 주기도 하지만 잘 벼린 칼날이 되어 큰 상처를 주기도 하며 분쟁을 일으키는 씨앗이 되기도 한다. 이 세상을 잘 사는 방법은 말을 잘 가려서 할 줄 아는 것이 아닐까 한다.

　남아프리카의 바벰바족은 죄지은 사람을 다스리는 방법이 독

특하다. 그들은 누군가 잘못을 하면 마을 한복판에 세우고 빙 둘러서서 돌아가며 한 마디씩 말을 한다고 한다. 비난하거나 꾸짖는 말이 아니라, 과거에 있었던 선행이나 좋았던 일을 상기해 큰 소리로 칭찬을 한다. 사람들의 말이 한 바퀴 도는 동안 고개를 숙였던 죄인은 눈물을 흘리며 참회하고 용서를 구한다. 그러면 사람들은 돌아가며 그를 포옹하고 잘못을 용서해 준다고 한다. 죄를 저지른 사람에게 비난이나 돌을 던지는 것이 아니라 칭찬으로 회개시키는 것이다.

  소통의 동력은 상대를 위한 진심어린 칭찬의 말이며, 적절한 침묵일 것이다. 가족의 말 한마디에 울고 웃었듯 지금까지 무심코 내뱉은 나의 말에 혹여 누군가 상처받은 일은 없었을까 생각하니 두렵고 아찔하다. 나의 그 무수한 말들은 지금쯤 어디서 어떤 모습으로 서성이고 있을까.

가장들의 숨비소리
- 5월

 남편이 퇴직했다. 수십 년 동안 같은 시간에 일어나서, 같은 시간에 나가고, 같은 시간에 돌아오던 기계적인 동작이 일순간에 정지되었다. 처음에는 그 지겨움에서 벗어나 자유로운 영혼이 되었다며 이리저리 여행을 다녀오기도 하고 집안의 잡다한 일에 손을 보태기도 했다. 그러나 그것도 잠시였다. 할 일 없이 텔레비전 채널을 돌려대는가 하면, 냉장고 문을 수시로 열었다 닫는 버릇이 생겼다. 노동의 현장에서 수없이 덮쳐오는 노도를 잘도 견뎌내더니만 정년이라는 낱말에는 한없이 약해졌다.
 남편의 한숨 소리를 멎게 할 방안을 고심하다 자전거 일주를 해 보자고 제안을 했다. MTB를 즐기는 나와 달리, 자전거 타는 요령이 미숙한 남편은 두려움을 내비치며 망설이는 눈치였다. 자전거를 타며 길을 오르내리다 보면 새로운 활력이 생길지 모른다는 나의 감언이설에 결국 남편은 꾀여 들고 말았다.

제주도로 향하는 여객선에 자전거 두 대를 실었다. 남편은 물보라를 일으키며 달리는 훼리호 갑판 위에서 거친 바다를 물끄러미 바라보았다.

제주도에 도착하자마자 우리는 힘차게 페달을 밟았다. 해안도로를 따라 펼쳐진 쪽빛 바다는 눈이 부셨다. 다가오는 바닷바람에 그동안 쌓였던 스트레스가 다 날아갈 것만 같았다. 그것도 잠시, 바람은 호락호락하게 앞길을 달리게 하지 않았다. 맞바람을 맞으며 숨이 꺾일 듯 힘들게 고갯길을 넘어 작은 포구에 도착하여 잠시 자전거에서 내렸다.

바다에서는 해녀들이 물속으로 자맥질을 하고 있었다. 해녀들은 거친 파도에 몇 번이나 물 밖으로 밀려나면서 겨우 잠수를 했다. 그렇게 한참이나 물속에 잠수해 있던 해녀가 불쑥 물 밖으로 떠올라 테왁을 끌어안고 긴소리를 토해냈다. "호오이~, 호오이~". 휘파람 같은 그 소리는 해녀들의 숨비소리였다. 삶과 죽음의 갈림길에서 토해낸 고통스러운 탄식처럼 들려오는 해녀들의 숨비소리를 들으며 땀을 닦고 있는 남편의 옆모습을 보니 목울대가 뻐근해졌다.

우리나라 경제발전의 초석은 베이비부머들이 놓았다. 눈부신 발전의 견인차 역할을 했던 그들이 이제 은퇴의 포말에 휩싸여 있다. 외환위기로 정리해고와 구조조정을 겪으면서도 오로지 가족과 직장만을 위해 앞만 보고 달려온 남편도 예외일 수 없었다.

남편의 그런 쉼 없는 수고 덕분에 우리 가족이 건강하고 조금은 평탄한 삶을 살아올 수 있었다.

결혼 초기에는 든든한 보호자였다가 점점 아내의 아들이 되어가는 남편. 아침에 일어나 갈 곳이 없다는 것과 마땅히 내놓을 명함이 없어졌다는 것만으로도 충분히 힘들 것이다. 은퇴한 베이비부머들이 까닭 없이 서러운 것은 무엇을 시작할 수도, 체념할 수도 없는 나이, 평균 수명으로 본다면 늙지도 젊지도 않은 나이에 퇴직하였기 때문이다.

요즘 집에 남은 남편들을 빗댄 삼식이 스토리가 있다. 비록 웃으려고 하는 말이라고는 하지만 그 느낌은 슬프다 못해 아프기까지 하다.

지금까지 우리 가족을 이끌어왔던 남편이 자전거를 타고 내 뒤를 따른다. 땀에 범벅이 되어 헉헉대며 언덕길을 오르고 있는 남편의 저 들숨 날숨이야말로 바로 가정을 지켜온 숨비소리다. 수많은 숨비소리가 있어야만 해녀들의 망사리가 가득 차는 것처럼, 오늘이 있기까지 세월의 거친 바다에서 수없이 내쉬었을 남편의 숨비소리를 오래도록 기억해야겠다.

부끄러운 유월
- 6월

 북한에서 발굴된 국군 전사자 유해 12구가 고향의 품에 안겼다. 손 내밀면 닿을 지척인 고향을 돌고 돌아 62년 만에야 귀환을 한 것이다. 국가는 한 줌 유해로 돌아온 그들을 최고의 예우로 맞았다는 보도에 월정리역 평화의 종이 떠올랐다.
 군종후원회에 일손을 보태고 있기에 매년 유월이면 최전방부대를 방문한다. 분단의 현실을 재인식하고, 긴장과 갈등 속에서 생활하고 있는 병사들을 위로하기 위해서다. 매년 같은 의미와 목적을 가지고 부대방문을 하는데 부대에 따라 그 감회는 새롭다.
 자유롭게 여행을 다니는 나로서는 비무장지대(DMZ)와 망원경으로 보는 북녘땅은 어쩐지 비현실적으로 다가왔다. 15분이면 갈 수 있는 거리를 반세기가 넘도록 철조망을 사이에 두고 서로를 경계하며 바라보아야 하는 세계 유일의 분단국, 우리나라의 비극적 역사의 현실이 비로소 가슴에 와 닿기 때문이다.

분단 이데올로기의 산물인 노동당사를 지나면 지평선과 맞닿은 철원평야가 펼쳐졌다. 그 유명한 백마고지, 철의 삼각지대, 피의 능선이라 불리는 치열한 접전이 있었던 곳이라고는 믿기지 않게 초목이 무성하고 새들이 자유롭게 날아다녔다.

6·25동란 당시 열일곱 살의 나이에 강제 징집된 아버지도 이곳에서 전진과 후퇴를 반복했다고 하셨다. 어려서 당시의 상황을 이해하거나 상상할 수 없었던 나는 영화 '태극기 휘날리며'를 보고서야 그때의 아버지 모습을 상상해 봤을 뿐이다.

하늘에서는 포탄의 파편과 탄피가 우박처럼 쏟아지고, 땅에서는 전우의 시신을 딛고 다녀야 했던 운명, 생과 사의 감각마저 잃은 멘탈 붕괴의 지경에서도 적진을 향해 뛰어들어야 했던 그 젊디젊은 병사들의 찢겨나간 살점과 뼈마디가 저토록 비옥한 평야로 만들었을까? 아니면 피어보지 못하고 송두리째 묻혀버린 그들의 꿈과 미래가 철원평야의 밑거름이 되었을까? 꽉 찬 녹음이 물결치는 가운데 지금의 내 아들보다 어린 아버지가 철모를 쓰고 손을 흔들고 있는 것 같다.

옛 이름이 '달우물'이라는 월정리역은 서울에서 원산까지 달리던 경원선의 최북단 종착역이다. '철마는 달리고 싶다'며 절규하던 철마는, 삭은 고무줄처럼 끊어져 철길 위에 쓰러져 신음하고 있었다. 심장에 뜨거운 불을 지펴 온 산천을 달리던 그 기상은 간 곳 없고, 휴전이라는 어정쩡한 타협에 처참한 모습으로 쓰러져 있을 뿐이었다.

평화의 종탑을 바라봤다. 평화의 종은 한국전에 참전했다가 산화한 19개국 젊은이들의 넋을 위로하기 위해 비무장지대에서 수집한 포탄과 총탄을 녹여 만들었다고 한다. 그래서일까. 종소리는 가야금 소리처럼 청아했다. 그 소리는 단절과 분열이 아닌 화해와 일치를 이룬 평화통일의 간절한 염원을 담고 있었다.

방문하는 부대마다 일사불란하게 경례를 하는 솜털 보송한 군인들, 그 젊디젊은 나이에 꽃잎처럼 스러져 간 전사자들이 내가 누리는 자유의 밑거름이 되었다는 생각에 눈시울이 뜨거워졌다.

6·25전쟁 전사자 중 미발굴된 유해가 13만 명이며, 이 중 3만~4만 명의 유해가 북한 지역과 비무장지대(DMZ)에 묻혀있는 것으로 추정된다고 한다. '그들이 집에 돌아올 때까지(Until they are home)'라는 구호로 외국 땅에서 전사한 자국 군인의 유해 일부나 유품 한 조각이라도 찾아 유족에게 돌려주겠다는 의지를 보이는 미국처럼, 북한과 비무장지대의 차가운 땅속에 묻혀있는 수만 명의 유해도 하루빨리 귀환할 수 있기를 기원한다.

평소 우리의 안녕에는 선열들이 흘린 값진 피와 땀이 있었음을 잊고 살았던 것이 더없이 부끄러운 유월이다.

사랑의 가족
- 7월

더위 사냥을 계획하는 본격적인 무더위가 시작되었다.
경기도 파주에 사는 동생으로부터 여름휴가 때 온 가족이 자전거를 타고 대구까지 온다는 전화가 왔다. 가만히 있어도 견디기 힘든 가마솥더위에 초등학생인 아이들까지 자전거를 타고 대구까지 오는 것은 무리라고 만류했다. 동생은 자전거 여행의 취지와 꼼꼼한 일정을 보내며 걱정하지 말라고 했다. 우리나라 4대강을 따라 자전거를 타고 고향을 향해 달려온다는 동생의 여행 계획에 화목한 가족애가 묻어 있어 가슴이 뭉클했다.
동생은 20여 년 전, 군복무 중에 감기약에 의한 급성간염으로 국립경찰병원에 후송되었다. 몇 달이 지나도 차도는커녕 점점 야위어져 앙상한 뼈에 거죽만 남았다. 그런데도 현역이라는 이유로 병원의 잡다한 심부름을 다 하고 있었다. 동생의 병세는 점점 더 악화되어 온몸의 피부가 새까맣게 변하는 흑달 판정을 받고 하얀 시트 위에 타다 만 장작처럼 누워있는 처지가 되었다.

휴가와 복귀를 반복하는 동생의 병간호를 위해 내가 팔을 걷어붙이고 나섰다. 지피지기면 백전백승이라고 온갖 의학서적을 뒤적이며 지푸라기라도 잡는 심정으로 좋다는 약초는 다 구해다 먹였다.

동생은 창창한 미래를 열어보지도 못하고 곧 꺾여질 것처럼 하루하루가 불안했다. 무식이 용감하다는 말처럼 의료지식에는 문외한인 나는 하루에 두 번씩 링거주사를 놓기도 하고, 혈액을 뽑아 임상병리실로 달려가기도 했다. 몇 개월 동안 계속된 나의 정성과 가족의 간절한 기도 덕분인지 새까맣던 피부색이 서서히 되살아나기 시작했다.

기적적으로 완쾌된 동생이 결혼하고 운동 겸 취미 생활로 시작한 것이 산악자전거였다. 자전거 타기를 시작한 지 석 달쯤 되었을까. 동생은 송탄에서 자전거를 타고 청도에 있는 본가까지 달려오겠다는 연락이 왔다. 生과 死의 갈림길에서 생의 외로운 길을 달려온 동생이 자전거로 고향을 향해 300㎞를 질주해 온다는 것이다. 벅찬 감격을 감출 수 없었던 나는 친정 마당에 커다란 환영 현수막을 내걸었다. 다른 형제도 한마음이 되어 잔치 준비를 했다. 오로지 피붙이를 만난다는 생각만으로 페달을 밟았다는 동생은 출발한 지 스무 시간이 지나자 도착했다.

동생네가 이번 여름휴가에 자전거를 타고 달려올 길은 500㎞

다. 결코 만만한 거리가 아닌데도 동생은 예전과 달리 이번에는 아내와 두 아이가 동행한다는 점을 강조했다. 특히 자전거로 해발 548m의 이화령 고개를 넘는 일은 상당한 체력이 필요하다. 어쩌면 가족들의 즐거운 여행이라기보다 무모한 도전일지도 모른다. 그러나 진정 좋은 것은 쉽게 얻어지지 않듯 힘든 여정을 통하여 가족들의 사랑은 더 돈독해질 것이다. 가족이 서로 돕고 배려하며 고된 길을 완주함으로써 성취감과 신뢰가 깊어진다면 이보다 더한 축복이 어디 있으랴.

   동생네 일정에 맞춰 나도 자전거를 타고 중간 지점으로 마중을 나가 함께 페달을 밟을 생각이다. 외로움은 혼자라서가 아니라 하나가 되지 못해서라고 한다. 연일 뜨거운 햇볕이 내리쬔다. 이 불볕더위도 피붙이와의 정을 싹틔우기엔 더없이 좋은 온도일 뿐이다.

술
- 8월

　연일 폭염 경보다. 일찌감치 저녁을 먹고 더위를 피해 인근 공원으로 나갔다. 겨우 자리를 잡고 앉은 옆자리에는 남자 서넛이 술판을 벌이고 있었다. 얼큰하게 취한 얼굴에 요즘 한창인 올림픽이 안주로 올랐다. 호쾌한 웃음이 이어지는 것으로 보아 우리 선수의 위대함에 모두 동의를 하는 모양이었다. 화제가 정치로 바뀌자 분위기도 바뀌었다. 둘만 모여도 찢어지는 게 우리나라 정치라고 하더니 차츰 말이 거칠어졌다. 대선후보자 이름이 입에 오르내리면서 목소리가 점점 더 커지더니 결국 술판은 깨졌다. 화를 삭이지 못해 얼굴빛이 붉으락푸르락 남자가 비틀비틀 걸어가더니 승용차를 몰고 휑하니 사라졌다.
　현직 경찰 간부가 술에 취해 도로 한복판에 정차한 채 잠들어 음주운전으로 적발되었다. 뉴스 보도에 따르면 사건은 과도한 경쟁 사회가 술을 마시게 한 모양이다. 술은 승진도 물거품으로 만들고 가족까지 불행하게 할 뿐이다.

　비틀거리며 사라져가는 사내의 승용차를 보며 얼마 전, 아들의 방을 치우다 빈 소주병을 발견하고 가슴이 철렁했던 기억이 겹쳐졌다. 평소에 술을 가까이하지 않던 아들이라 마음이 더 아팠다. 청년실업의 고통과 쓰라림이 얼마나 견디기 힘들었으면 술을 통하여 위로를 받으려 했을까.

　부채질하며 곁에 앉은 남편도 방금 차를 몰고 사라진 남자가 신경이 쓰이는 듯 표정이 어두웠다. 달콤한 술의 유혹 뒤에는 악마의 미소가 숨어있다. 술에 만취한 상태에서 한 언행을 전혀 기억하지 못하는 것이 술이 사람을 부리는 증거라 하겠다. 특히 술을 마시고 운전대를 잡을 때 악마는 스스럼없이 그 사람을 불행으로 밀어 넣는다. 술을 마시고 힘든 현실을 잊고 싶겠지만 달콤함을 선사한 술은, 찰나에 엄청난 후유증을 선사하는 법이니 즐기기는 하되 절대 **빠져서는** 안 될 일이다.

　어느 날 한낮이 되어갈 무렵, 사람들의 웅성거리는 소리에 골목이 시끄러웠다. 대문 밖에서 보니 사람들이 에워싸고 있는 승용차 운전석에 비스듬히 누워있는 남자의 모습이 보였다. 아마도 남자는 어젯밤 늦게 들어와서 차 속에서 곯아떨어진 모양이었다. 아내와 아들로 보이는 두 사람이 사색이 되어 연신 차 문을 두드리며 소리쳐 남자를 불렀다. 신고를 받고 달려온 119구조대원이 겨우 문을 열었다. 차 안에서 후끈한 열기와 술 냄새가 쏟아졌다. 맥없이 늘어지는 사내를 구조대원이 잡고 흔들어 깨웠다. 아무 반응이 없는 이순耳順쯤의 남자는 들것에 실려 구급차로 옮겨지고 중년 여인과 청년은 황급히 뒤를 따라갔다.

그 남자는 볼 때마다 술에 취해 있었다. 어떻게 운전을 했나 싶게 차에서 내려 비틀거리며 골목길을 몇 번이나 왔다 갔다 하다 가족의 부축을 받으며 집으로 들어가곤 했다. 부축해 들어가는 가족의 눈빛은 그야말로 애처로웠다. 가장이 술을 마시는 동안 그를 기다리는 가족들은 피 말리는 기도를 했구나 싶었다. 술이 있는 세상은 재밌는 지옥이라면 술이 없는 세상은 지루한 천국이라고 한다. 그러나 애주가들이 술잔을 기울이며 천국을 오가는 동안, 기다리는 가족들은 지옥을 오가는 것이다.

혹자는 요즘 취하지 않은 제정신으로는 도무지 살 수 없는 세상이라고 말한다. 그러나 술이 한순간 위로가 될지는 몰라도 해결사는 아니다. 아무리 많이 마셔도 술은 어김없이 깨기 마련이고, 깨어나 보면 술의 흔적은 그리 유쾌하지가 않다. 우스갯소리로 술의 으뜸은 입술이라고 한다. 성냥을 그으면 화르르 불이 붙는 독주 같은 날씨에 가족의 입술이 피워내는 웃음꽃이야말로 가장들의 피로를 풀어주는 최고의 화주花酒가 아니겠는가.

여수의 밤
– 9월

미항美港 여수에서 '수필의 날' 행사가 열렸다. 올해 열두 번째 되는 수필의 날 행사는 지구촌을 달구었던 런던올림픽과 여수세계박람회가 막을 내린 뒤였다.

연암 박지원이 청나라를 기행 하며 쓴 '열하일기' 중 '일신수필 馹迅隨筆'에서 '수필'이라는 용어를 처음 쓴 것을 기려 7월 15일을 수필의 날로 제정한 것이다. 매년 이날은 전국 각지에서 활동하고 있는 수필가들이 지역과 소속 문학회를 벗어나 한자리에 모여 교류와 화합을 다진다. 대구에서는 열 명의 수필가들이 여수 행사에 참석했다.

천혜의 자연을 배경으로 지어진 여수세계박람회장은 초대형 국제행사라는 위상에 걸맞게 압도적인 규모였다. 820만 명이라는 인파가 몰려 남도를 후끈하게 달구었던 것이 불과 며칠 전이건만 우리를 맞는 엑스포장은 철 지난 바다 같았다. 인적은 드물었고 그저 사람이 밟고 다녔을 구조물만 부표처럼 파도에 흔들리고 있었다. 화려한 공연이 끝난 뒤 텅 빈 객석 같은 적막과 쓸쓸함만이 감돌았다.

수필의 날 행사장에는 전국에서 모인 작가들로 화기애애했다. 수필가들은 만나자마자 서로의 손을 잡거나 가벼운 포옹을 하며 회포를 풀었다.

막상 행사가 시작되고 앞자리를 살펴보니 수필의 시대를 열었다고 할 정도로 필생을 수필에 헌신했던 몇몇 원로작가들의 모습이 보이지 않았다. 몇 년 사이 유명을 달리한 분들의 부재가 가슴에 와 닿았다. 이심전심으로 가까이 앉은 작가 사이에서 먼저 가신 분들의 행적을 되새기고 추모하는 말이 오고 갔다.

덩달아 앞자리에 앉은 원로작가들을 보는 마음도 애잔해졌다. 지금까지 수필 문단을 주도하며 위풍당당했던 분들인데 쇠잔해진 몸과 기력 없는 어깨가 안쓰러웠다. 저들은 문학에 대한 열정 하나만으로 젊음을 송두리째 투신해 치열하게 글밭을 일구신 분들이 아닌가. 빛이 강렬할수록 그림자가 짙듯, 화려하고 찬란한 문학 활동으로 존경과 경외의 대상인 원로작가들의 뒷모습이 깊은 음영을 드리웠다.

'수필은 지나간 시간의 기록이 아니라 미래를 향해 펼치는 사랑의 향연이자 언어의 축제이며, 먼 훗날 누군가의 기억 속에 온전한 향기로 살아 있기를 소망한다.'는 수필의 날 선언문이다. 수필가들이 하나의 마음으로 만든 선언문이 원로작가 앞에 숙연하게 느껴졌다.

공식행사가 끝나고 작가들은 어둠살이 내리는 바닷가에 삼삼오오 모여 앉아 담소를 나누었다. 만남의 시간이 깊어갈수록 자주 뵈었거나 초면이거나 함께 앉은 작가 모두가 오래된 지우知友나 다름없었다. 무심코 스쳐 지나가는 것들에서 의미를 발견해 글을 쓰고 공감한다는 이유만으로도 대화의 꽃은 밤하늘의 별만큼 무수히 피어났다.

수평선에서 힘겹게 달려왔을 바람에 어느새 가을 냄새가 났다. 가을은 수확과 결실의 계절이기도 하지만 뜨겁고 강렬한 것들이 식어가는 계절이기도 하다. 충만함과 쓸쓸함이 공존하는 가을에는 좋은 사람들과 만나 대화하며 마음을 나누기에 더없이 좋은 계절이다.

중국의 고대 학자 임어당은 '벗과의 하룻밤 청담은 10년간의 독서보다 낫다'고 했다. 올림픽의 함성도 엑스포의 부산함도 이제 다 지났다. 자꾸만 야위어가는 세월의 뒷등이 쓸쓸하게 하지만, 밤이 늦도록 함께 청담을 나누는 글벗이 있어 여수의 밤은 아름다웠다.

지키지 못한 약속
- 10월

딸과 함께 한 달여간 배낭여행을 다녀왔다. 새로운 풍경을 좋아하는 나는 낯선 도시에서 이국인들의 삶을 엿보고 그들의 문화도 즐기고 싶었다. 그러나 막상 길을 나서니 긴장과 두려움의 연속이었다.

태국에서 캄보디아로 가는 육로는 주변이 살벌했다. 벌떼처럼 달려들어 구걸하는 사람들과 택시에 실어놓은 가방을 훔쳐가던 사기꾼에 대한 기억은 배낭여행에 대한 기대보다 세상을 향한 두려움과 경계심으로 내내 신경이 곤두섰다.

이런 나의 두려움과 경계심은 아담이라는 캄보디아 청년을 만나고부터 허물어졌다. 아담은 캄보디아의 교통수단인 '툭툭이' 기사였다. 우리 모녀는 열흘 동안 그의 툭툭이를 타고 앙코르와트와 씨엠립 시내를 여행했다. 영어가 서툰 그와 그보다 영어가 더 서툰 내가 언어로 소통한다는 것은 애초부터 무리였다.

언어 소통이 원활한 딸보다 보디랭귀지로 대화를 나누는 내가 아담과 더 친해진 것만 봐도 마음은 언어를 초월하는 모양이다. 어느새 그는 나를 '코리안 맘'이라 부르고 나는 '캄싼(캄보디아 아들)'이라 불렀다. 짧은 기간이지만 서로 친숙해져 신뢰를 쌓았다.

캄보디아 청년들의 꿈은 한국에서 취업하는 것이라고 했다. 그의 꿈도 그러하다고 했다. 순간 많은 외국인 근로자를 채용하면서도 인력 부족에 시달리는 동생의 사업장을 떠올리며 한국에 돌아가면 아담이 취업을 할 수 있는지 알아봐 주겠다고 했다.

귀국해서 알아보니 생각했던 것만큼 외국인 취업이 간단하지 않았다. 우리나라에서 외국인이 취업할 수 있는 인원이 제한되어 있었다. 그러다 보니, 고용센터에서는 신청 대기자가 엄청났다. 국제전화로 아담에게 국내 취업의 어려움을 알려주고, 해가 바뀌기 전에 다시 캄보디아 여행을 가겠다며 굳게 약속했다.

약속은 지켜지지 못한 채 해가 바뀌었다. 크게 낙담했던 아담은 오늘도 페이스북으로 쪽지를 보내왔다. 캄보디아에 언제 올 거냐며 날마다 기다리고 있다는 간절한 마음을 전해왔다. 한 달에 두서너 번 보내오는 아담의 쪽지를 받을 때마다 약속을 지키지 못한 미안함에 가슴이 아리다.

수필가 목성균의 '약속'이라는 글을 보면 젊은 시절, 산림공무원이었던 그가 어느 늦가을에 산정 오두막집에서 한 소년을 만났다. 방화선 보수작업을 하기 위해 올라왔던 그는 인부들과 그

집에서 며칠을 묵었다. 일이 끝나고 하산하려는 그를 소년이 가로막았다. 그는 자신의 산림경찰관 작업모와 완장, 호각을 주며 꽃피는 봄에 꼭 다시 오겠다고 약속을 했다. 약속은 갑자기 근무지가 바뀌면서 바쁜 삶에 쫓기느라 까맣게 잊었다. 30여 년이 지나 손자를 보고서야 불현듯 옛날 약속이 생각나 찾아가 보지만 소년의 행방은 알 수 없었다. 다만 이듬해 봄, 소년은 인기척이 날 때마다 호각을 불며 달려나갔다가 시무룩해져 되돌아왔다는 말만 듣게 되었다.

  우리는 약속을 하고 약속을 지키며 살아간다. 그런데 약속이라는 보이지도 않는 말의 실체가 묘하고도 신기하다. 언제라도 연기처럼 날아 가버릴 수 있는 그 말에 기대어 우리는 실존을 확인한다.

  이제 약속의 계절인 선거철이다. 서슴지 않고 마구 쏟아내는 약속은 유토피아가 따로 없다. 그러나 지키지 못한 약속은 서로에게 아픔으로 남을 뿐이다. 개인과 개인 사이의 지켜지지 않는 약속도 이토록 가슴이 아픈데 나라를 건 약속은 오죽하랴. 대중 앞에 나선 사람들은 무엇보다 신뢰가 생존의 동력이다. 그러니 지킬 수 없는 약속은 아예 꺼내지 않는 것이 상책이다.

감
- 11월

친정집 마당에는 감나무 세 그루가 있다. 열매를 주렁주렁 매단 채 휘어져 있는 감나무를 바라보는 어머니의 눈길이 늘 애잔하다.

어머니는 감이 조금씩 붉은빛을 띨 때부터 감 추수를 걱정하신다. 더욱이 바람이 서늘해지면 무서리가 내리기 전에 감을 따야 한다고 조바심을 낸다. 채근하지만 오 남매는 누구 하나 시원스럽게 그 걱정을 덜어주는 이가 없다. 남동생은 직장 업무에도 일손이 모자라는 형편에 그 먼 길까지 기름값이나 나오겠냐는 것이다. 이참에 나무를 베어버리자는 남동생의 말에 딸들 역시 시큰둥하니 어머니 말을 흘려 버렸다. 아버지와의 별리에서도 담담했던 어머니는 못내 서운한 기색이 역력했다.

감나무는 아버지께서 살아생전 마지막으로 심은 나무다. 당신의 생이 끝자락에 도달했음을 예견이라도 한 듯 병마의 고통이 극심할 때 느닷없이 감나무를 심겠다고 하셨다. 언제 감을 따 먹을 수 있겠냐는 어머니의 지청구에도 당신은 못 먹겠지만 훗날 손자들은 따 먹지 않겠느냐고 했다. 당신이 태어나고 생을 마감한 그 집에 뿌리내려 오랫동안 머물고 싶었는지, 아니면 덩그마니 홀로 계실 어머니를 위할 요량이었는지는 모르겠지만 어머니의 만류에도 기어이 감나무를 심었다.

'내일 지구가 멸망해도 오늘 한 그루의 사과나무를 심겠다'고 한 스피노자처럼, 아버지는 감나무를 심은 그해 여름 먼 길을 떠났다. 아버지의 혼이 깃들었는지, 아니면 닿을 수 없는 곳으로 가신 아버지에 대한 그리움을 먹고 자랐는지 감나무는 튼실하게 뿌리 내려 해마다 붉은 감을 주렁주렁 매달았다.

친정집에 들어서니 어머니는 감을 따고 계셨다. 자루가 달린 간짓대를 들고 감을 얼마 따지도 않았는데 목덜미가 당겨오고 팔이 무거워졌다. 동생의 말대로 감나무를 베어버리면 좋겠다는 말이 저절로 입에서 흘러나왔다.

어둔하기 그지없는 내 모습이 답답했던지 어머니는 싸리 바구니를 허리춤에 매달더니 냉큼 감나무를 타고 올랐다. 팔순을 바라보는 노인네로 생각하기엔 너무 어이없었다. 위험하다며 빨리 내려오라고 재촉해도 들은 척도 않았다. 노인의 무모한 용기에 비해 감나무 가지가 너무나 약해 보였다. 어머니가 딛고 선 나뭇가지가 흔들릴 때마다 외줄 타는 곡예사를 보는 듯했다. 아무리 만류하고 애원을 해도 소용이 없어 그저 간 졸이며 나뭇가지만 올려다볼 뿐이었다.

역광이어서일까. 어머니의 실루엣은 마치 한 마리 새처럼 보였다. 손이 닿지 않는 곳의 감을 따기 위해 안간힘을 쓰는 어머니는 어쩌면 머지않아 한 마리 새가 되어 우리 곁을 날아갈지도 모를 일이다.

힘들게 수확한 감을 여러 개의 상자에 나눠 승용차에 실었다. 그제야 어머니의 얼굴에는 환한 미소가 번졌다. 차량의 꽁무니를 향해 손을 흔드시는 어머니의 물기 마른 체구는 점점 작아지더니 백미러 속에서 아예 사라졌다.

스산한 적막감이 감도는 시골에 어머니를 홀로 두고 오는 마음은 차에 가득 실린 감 상자보다 더 무거웠다. 그러나 어머니는 남은 가을이 다 가도록 앞마당에 나와 까치밥으로 남겨 둔 감을 바라볼 때마다 자식들의 입에 들어갈 것을 생각하며 미소 지으시리라.

나는 들고 온 그 떫떠름한 감을 아작아작 씹어 먹고 있다. 자식이라는 이유만으로 엄마의 한 생을 꿀꺽 삼키고 있다.

따뜻한 행복
- 12월

절로 옷깃을 여미게 하는 차가운 날씨지만 한 편의 영화가 가슴을 따뜻하게 한다. '철가방 우수氏'는 중국집 배달원으로 일하며 다섯 명의 결손아동을 후원하다 교통사고로 생을 마감한 고故 김우수 씨의 삶을 기리기 위해 만든 영화다.

태어나자마자 버림받은 우수 씨는 세상으로부터 철저하게 외면당해 삶에 단 한 줌의 희망을 찾을 수 없었다. 절망으로 온몸에 휘발유를 끼얹고 분신자살하려다 방화범으로 몰려 교도소에 수감 되었다. 수감생활 중 우연히 잡지를 보다 형편이 어려운 세 남매에게 우수 씨는 작업수당을 떼어 후원금을 보냈다. 며칠 후 후원금을 받은 소년이 감사하다며 보낸 한 통의 편지를 받고 그는 벅찬 감격으로 울부짖었다.

"나한테 감사하대요. 나한테도 감사하다는 사람이 있어요."

난생처음 듣게 된 '감사하다'라는 말 한마디가 그의 삶을 송두리째 바꾸어 놓았다. 출소 후 고시원의 쪽방에 묵으며 중국집에서 힘들게 일해 받은 월급 칠십만 원으로 매월 다섯 명의 아이에게 후원금을 보냈다. 자신이 가입한 종신 보험금 수령자를 어린이재단으로 등록하기도 했다. 장기기증까지 서약한 그에게는 오직 다섯 명의 아이가 희망이었고, 삶의 동력이었다.

그런 그가 교통사고로 세상을 떠났다. 7년 동안 빠짐없이 희망을 배달해온 김우수 씨의 나눔의 가치를 후대에 전하기 위해 만들게 된 영화는 시나리오부터 연출, 스태프, 출연진까지 모두 재능기부로 이루어졌다.

나눔을 꿈꾸는 사람은 행복하다. 각자 처해진 환경과 가치관은 다르겠지만 사람들은 저마다의 꿈을 갖고 살아간다. 철가방을 들고 행복을 배달해온 우수 씨 만큼 어느 수필가의 삶도 감동적이다.

타이어수리업을 하던 류영택 작가는 장애인 형님을 부양하며, 업둥이 딸을 친딸보다 더 깊은 사랑으로 키웠다. 삶은 비록 고단하였을지라도 한시도 꿈을 잃지 않았던 그는 문단에 발을 들여놓자마자 질곡 많은 삶을 샘물처럼 글로 쏟아냈다.

타고난 글쟁이였던 그는 발표하는 글마다 가슴과 가슴을 이어주는 정이 흘러넘쳤다. 문장은 흑백사진처럼 희미해진 추억들을 파들파들한 수채화로 되살려놓았다. 사람들은 수필 문단을 주도해 나갈 유망주라는 칭송을 아끼지 않았다. 하늘에서도 그의 재능이 필요했던 걸까. 신춘문예에 당선된 지 한 해를 넘기지 못하고 원고지 위에서 잠들 듯 허망하게 세상을 뜨고 말았다.

젊은 작가의 요절은 많은 사람을 안타깝게 했다. 몇몇 뜻 있는 사람이 그의 1주기에 맞춰 유고집을 내자는데 의견을 내고 마음을 모았다. 추모 수필집 발간을 한다는 소식에 한 문우가 전국공모전에서 받은 상금 수백만 원을 선뜻 내놓았다. 하루만에 십시일반으로 동참하겠다는 사람이 육십 명이 모였다.

글벗으로 동행하자며 굳게 약속한 그는 황급히 우리의 곁을 떠났지만, 유고 작품집은 연말쯤 발간되어 그의 이름은 영원히 우리의 기억 속에 남을 것이다.

철가방 우수 씨나 류영택 작가의 삶은 가장 낮은 모습으로 타인을 먼저 생각하고 배려하는 마음에서 행복이 시작됨을 깨닫게 해준다. 그들의 가치를 소중히 여기고 재능을 기부한 사람들과 작품집 발간을 후원한 사람들을 생각하니 이 겨울은 참 따뜻할 것 같다.

제5부

해빙

어느 분야에서나 한 무리의 풍요 속에는 분명 다른 무리의 희생이 있을 것이다. 그들의 노고가 있기에 나라의 안녕과 평화가 있겠지만, 아들을 군대에 보내놓고 모든 몸짓이 기도인 어머니들이 있기에 그들의 안녕과 건강한 젊음이 있다는 것을 그들도 익히 알고 있을 것이다.

- 해빙1
- 해빙2
- 해빙3
- 평화의 뜨거운 불씨를 안고 - 5사단 방문
- 평화의 종소리는 울려 퍼지고 - 6사단 방문
- 가을 남자
- 111번째 순례
- 앞자리
- 심안
- 성모님께 드리는 기도
- 미리 쓰는 유서

- 발문

해빙 1

문을 열고 강연장으로 들어섰다. 수백 개의 시선이 일제히 나를 향해 모여들었다. 푸른 제복을 입고 미동도 않은 채 주시하는 시선 앞에 나는 스스로 압도되었다. 심호흡을 크게 해 보지만 심장의 거친 박동은 좀체 진정되지 않았다.

평소 건강한 남자라면 군입대는 필수라고 생각해왔다. 그러나 막상 어수룩한 내 아들놈이 입대하고 나니 예상과는 다르게 무엇을 해도 눈물부터 고여 왔다. 그렇게 간절한 기도의 몸짓으로 시작한 것이 군종후원회 봉사였다. 군인들을 후원하는 단체다 보니 자연스럽게 군부대 출입이 잦았다. 여자이기에 생소했던 군대 내의 생활도 낯설지 않게 되었다.

어느 날, 군부대로부터 강연 요청이 있었다. 연단에서 강의해 본 경험도 없고, 그렇다고 사회적으로 젊은이들을 교육시킬 만한 위치가 아니기에 한사코 거절하였다. 그러나 돌발적인 불의의 사고가 잦은 요즘 병사들을 위하여 따뜻한 위로의 말이면 된다는 말에 얼마 전에 전역한 아들놈의 생각이 나서 겨우 용기를 내었다.

아들은 상병으로 진급한 지 얼마 되지 않아 내무반장이 되었다. 병장이 채 되기도 전에 최고참이 된 아들은 이제 군대 생활은 끝이라며 호들갑을 떨었다. 가끔 전화가 올 때마다 분별력을 잃지 말라는 당부를 거듭했고, 걱정과는 달리 아들은 그럭저럭 잘해 나가는 듯싶었다.

제대를 4개월 앞둔 야심한 밤에 부대에서 전화가 걸려왔다. 난데없이 아들의 흐느끼는 소리와 소대장의 상황 설명에 하늘은 무너져 내리는 것 같았다.

아들의 내무반에 신병이 들어왔다. 사회에서 주먹으로 놀던 신병의 눈에 어리숙해 보이는 내무반장의 이런저런 지시가 아니꼬웠던 모양이었다. 아니면 초반부터 내무반 선임들의 콧대를 납작하게 꺾을 심산이었는지 아들에게 계급장을 떼고 한 판 붙자는 제의를 했다. 혈기왕성한 남자들의 세계에 폭력이야 다반사겠지만, 싸움에는 젬병인 아들은 새까만 하급자의 제의를 몇 번이나 거절했다. 끈질긴 제의에 어떤 결과에도 이의를 제기하지 않겠다는 약속을 하고 결국 남자 대 남자의 자존심을 걸고 한 판 붙게 되었다. 몇 차례 주먹질이 오가던 중 이등병의 코에서 검붉은 피가 흐르는 것으로 싸움은 종료되었다. 주먹 세계에서 놀던 이등병은 코뼈마저 금이 나버린 상상 외의 결과에 자존심이 상했는지 서로의 굳은 약속을 저버린 채 아들을 헌병대에 고발을 해버렸다.

처음에는 대수롭잖게 여긴 사건이 상관들의 연대처벌을 요구하는 이등병의 고집으로 더욱 확대되었다. 사건 무마를 위해 대대장까지 이등병을 독대하여 달래기도 하고 윽박지르기도 했지만, 이등병은 인터넷 운운하며 대대장까지 연대책임을 물으며 오기를 부렸다.

길고 긴 봄밤을 뜬눈으로 지새우고 아들의 부대로 면회를 갔다. 신神은 당신을 필요로 하는 모든 곳에 머물 수가 없어 어머니를 대신 보냈다는데, 나는 헌병대에서 조사를 받으며 공포에 떨고 있을 아들에게 엄마로서 해줄 수 있는 것이 아무것도 없었다. 잔뜩 겁에 질린 어수룩한 아들의 큰 눈망울을 생각하면 애간장만 녹아내릴 뿐, 달려가는 차 안에서 이등병의 마음을 돌릴 수 있는 솔로몬의 지혜만 간절히 청하였다.

이등병과 마주 앉은 시간이 두어 시간쯤 되었을까. 너무 긴장한 탓에 무슨 말을 어떻게 하였는지 기억조차 가물가물하다. 그러나 분명한 것은 설득하는 동안 사건의 원인 제공자인 이등병이 밉지 않았다는 사실이다. 평소 나는 남자들만이 가질 수 있는 피 끓는 전우애를 부러워했었다. 비 온 뒤에 땅이 더 굳어지듯 사건이 잘 무마되어 아들놈과는 더욱 진한 우정으로 남고 평생

잊지 못할 추억이 되었으면 하는 마음이었다. 나의 그 간절한 심경을 이등병에게 솔직하게 전하였다. 처음 대면하였을 때 섬뜩하리만치 충혈된 눈 속에 가시로 가득했던 이등병의 눈에는 차츰 물기가 젖어오고 있었다.

"쓸데없는 오기를 부려 죄송합니다. 어머님!"

나는 이등병을 와락 끌어안았다. 어느 상관의 협박에도 마음의 문을 열지 않았던 그다.

"아니야. 내게 마음을 열어줘서 정말 고마워. 세상에서 제일 위대한 일은 누군가를 용서하는 일일 거야. 잘했어. 정말 잘했어."

그토록 피 말리던 사건은 일주일 만에 종결되었다. 아들놈은 상해죄, 이등병은 하극상이란 덫이 씌워졌지만, 생각하면 도저히 있을 수도 없는 일이고, 일어나서도 안 될 일이었다. 군대의 위계질서를 무시하고 남자끼리의 신의를 저버린 이등병도 잘못이겠지만, 아무리 군대라고는 하지만 내무반원들을 권위나 기강이 아니라 사랑이나 덕으로 다스리지 못한 아들놈도 잘못이 많았을 것이다. 사람을 변화시킬 수 있는 것은 어떤 물리적인 힘이 아니라 따스한 사랑밖에는 없기 때문이다.

점심시간이 막 지난 후 시작한 강의에 혹여 병사들이 꾸벅꾸벅 졸거나 지루해하지는 않을까 걱정을 했었다. 그러나 강연을 시작하면서 긴장되었던 나의 마음은 차츰 안정되고 병사들의 표정을 살피는 여유까지 생겼다. 내가 가져간 어머니들의 마음을 하나하나 풀어놓을 때는 군데군데 앉은 병사들의 눈시울이 발갛게 젖어 들었다.

어느 분야에서나 한 무리의 풍요 속에는 분명 다른 무리의 희생이 있을 것이다. 그들의 노고가 있기에 나라의 안녕과 평화가 있겠지만, 아들을 군대에 보내놓고 모든 몸짓이 기도인 어머니들이 있기에 그들의 안녕과 건강한 젊음이 있다는 것을 그들도 익히 알고 있을 것이다.

오늘 이 병사들도 머잖아 제대를 하고 사회의 한 일원이 될 것이다. 남은 군대 생활이 그리 녹녹하진 않겠지만, 나의 어쭙잖은 강연이 도발적인 그들에게 조금이라도 따뜻한 위안이 되었으면 좋겠다. 그리고 전역하는 날까지 남자로서의 강력한 힘과 참다운 정의를 기를 수 있는 소중한 시간이 되기를 간절히 바라며 부대를 나왔다.

해빙 2
- 담 안에서 온 편지

주님의 사랑을 받으시는 마리아 자매님께

햇살이 고운 봄날입니다.
세상과 단절된 저 회색빛 담벼락 아래에 노란 민들레가 한 포기 피었습니다. 겨울의 기나긴 침묵을 밀어낸 민들레의 숨 쉬는 소리가 하루하루 다르게 느껴지는군요. 이것은 분명 삶의 희망이 아니겠는지요?
겉봉투에 쓰여 있는 낯선 이름을 보시고 의아했으리라 생각됩니다. 과거를 들추자면 언제나 부끄럽고 후회스럽기 마련인데 저 역시 예외가 아닙니다.
저는 서울에서 태어났고, 결혼하여 딸 둘을 둔 가장이었습니다. 단란한 가정에서 행복한 미래를 꿈꾸며 열심히 사회생활을 하던 중에 순간적인 감정을 자제하지 못하여 사람을 죽인 죄로 수감 된 무기수입니다. 현재 16년이라는 세월을 담 안에서 생활하고 있으며, 어쩌면 자매님과 이웃이 되기에는 너무나 멀리 밀려나 있는 사람입니다.

이곳에는 저마다의 삶 속에서 무수히 얼룩진 기억들로부터 쉽게 자유로울 수 없는 사람들이 모여 있습니다. 더러는 억울하다고 울부짖고, 더러는 삭이지 못하는 분노로 바스락거리는 마음들이기에 쉽게 상처를 받고 쉽게 생을 체념하는 곳이기도 합니다.

아무리 용서받지 못할 악인일지라도 진정 참회하고 마음만 하늘로 향하면 새 삶을 살 수 있다는 교도 사목 담당 신부님의 말씀에, 저 역시 그러하리라 믿고 세례를 받아 기도로 지난 삶을 속죄하며 살아온 지도 벌써 십수 년이 되었습니다.

지난 연말쯤이었습니다. 이곳에서 함께 생활하는 동료가 저에게 엄청난 상처를 주었습니다. 평소 친형제처럼 지낸 절친한 사이였기에 갈등의 골은 더욱 깊었습니다. 무기형을 언도 받은 제가 감히 누구를 용서하고 못한다는 말조차 할 자격이 없음을 잘 압니다. 그러나 저도 인간인지라 제 눈에 든 들보는 보지 못하고 남의 눈에 든 티끌은 잘도 보였습니다. 그래서 너그러울 때는 세상을 다 받아들이다가도 한번 옹졸해지면 바늘 하나 꽂을 자리 없는 것이 사람의 마음이라 했는지 모르겠습니다.

동료를 도저히 용서할 수가 없었습니다. 제 마음속에는 화살로 가득하였습니다. 주변의 동료들은 화해시키기 위해 많이 노력하였지만 이미 꽁꽁 얼어붙은 내 마음은 아무도 녹이지 못했습니다. 살아있어도 살아있는 것이 아니었습니다. 하루하루가 지옥이었습니다. 동료를 용서하기 위해 밤낮으로 기도도 해보았습니다. 그것이 저를 위한 일이라고 생각했습니다. 그러나 마음과는 달리 괴로움은 다시 신경통처럼 온몸에 번졌습니다. 세상에서 제일 어려운 일이 죄를 짓지 않는 것과 상처 준 사람을 용서하는 일이었습니다.

어느 날, 종교 참석차 들어오셨던 수녀님께서 조그만 소책자를 한 권 주셨습니다. 마리아 자매님께서 편집하신 대구군종후원회 소식지였습니다. 그 속에는 작년 한 해 동안 군부대를 지원하고 방문하신 일들이 고스란히 담겨 있었습니다.

수인인 제가 이렇게 어렵사리 편지를 드리게 된 것은 그 안에 수록된 자매님의 '해빙'이라는 수필을 읽었기 때문입니다. 아드님이 군복무시절 사고가 난 일을 서로 용서하고 화해로 이끄시는 부분에서는 많은 뉘우침을 받고 눈물까지 흘렸습니다. 그 말씀들이 못난 저에게 하시는 것 같았고, 마음의 중심을 잃고 비틀거리는 저에게 용기와 지혜를 주시기에 충분했습니다. 꽁꽁 얼었던 땅이 풀리듯 내 마음 깊숙이 자리해 있던 편견과 증오의 덩어리가 한순간에 녹아내리는 것 같았습니다.

날이 밝기가 무섭게 저는 그 동료를 먼저 찾아가 화해의 손을 내밀었습니다. 주변의 동료들이 박수를 쳤습니다. 용서가 봄바람처럼 깃들었습니다. 그 봄바람에 뚜렷하지도 않은 형체로 쌓여 있던 내 마음속의 묵은 때들이 모두 씻기는 듯하였습니다.

 이제야 사람답게 사는데 진정 가치로운 일이 무엇인지 알게 되었습니다. 진실로 용서하고 서로 사랑하는 법도 알게 되었습니다. 동료와의 갈등을 겪으면서 혼자여서 외로운 것이 아니라 하나가 되지 못해서 외롭다는 것도 알게 되었습니다. 마치 제 나약한 영혼을 지켜주는 골리앗을 쳐부순 다윗의 작고 단단한 흰 돌을 하나 얻은 느낌입니다. 지금 드릴 수 있는 것은 아무것도 없습니다, 제가 할 수 있는 것은 그저 아침저녁으로 두 손을 모으는 일뿐입니다. 이 기도 항아리를 가득 채워 마리아 자매님의 몫으로 고스란히 봉헌하겠습니다.

— 담 안에서 안토니오 드림

해빙 3

　L씨의 편지를 처음 받은 것은 10년 전이었다.
　서른여섯 장이나 되는 장문의 편지를 보낸 그는 살인죄로 무기형을 살고 있었다. 성실한 가장에서 한순간 무기수가 되어 담 안에서 지낸 지가 16년이 되었다고 편지 첫머리에 적어 놓았다. 세상과 철저하게 격리된 수인들은 저마다 얼룩진 기억들로 가득하다고 한다. 더러는 억울하다며 울부짖고, 더러는 삭이지 못한 분노로 잘 벼린 칼날이 되어 갇혀 있는 사람끼리 서로 공격하고 상처를 받는다고 했다. L씨도 예외 없이 자신에게 상처를 준 동료와 원수처럼 지내고 있다고 했다. 평소 친형제처럼 지냈기에 괴로움은 더욱 크게 느껴져 아무리 애를 써도 도저히 용서가 되지 않더라는 것이다.
　어느 날, 우연히 내가 쓴 '해빙'이라는 수필을 책에서 읽고 나서 마음 깊숙이 자리해 있던 증오의 덩어리가 녹아내렸다고 했다. 날이 밝자마자 그 동료에게 화해의 손을 내밀고 나에게 편지를 쓰기 시작했다는 것이다. L씨는 일주일에 한두 통의 편지를 보내 왔다. 고맙다, 감사하다로 채워진 편지에는 잡지나 신문에서 발췌한 감동적인 구절들과 아름다운 사진을 오려 붙여 온갖 정성을 들인 흔적이 고스란히 남아 있었다.

나는 그에게 달리해줄 말이 없어 그저 희망과 긍정의 힘에 대한 답을 보낼 뿐이었다. 한번은 책갈피에 넣어 곱게 말린 네 잎 클로버를 보내며 '간절히 원하면 이루어질 것'이니 목표를 가지고 기도를 해보라고 했다. 나의 말을 신뢰했는지 모르겠지만 그는 어쩌면 행운을 가져다줄지도 모른다는 막연한 믿음으로 죽기 전에 단 한 번만이라도 어머니를 만날 수 있도록 간절히 기도했다고 한다.

간절함은 믿지 못할 기적이 되어 일어났다. 그가 여섯 살 때 가출해버린 어머니가 면회를 온 것이다. 어린 남매가 붙드는 치맛자락을 뿌리치고 가버린 어머니의 빈자리는 수북이 담긴 밥을 다 비워도 늘 허기지고 아리기만 했다. 그는 꿈을 꾸기보다 상실을 먼저 느끼고, 희망을 갖기보다 포기하는 법을 먼저 배워야만 했다. 생사조차 알 수 없는 어머니에 대한 원망과 수시로 밀려오는 그리움에 아예 교통사고로 죽었다고 생각하며 기억에서 어머니를 지워버렸다.

막상 어머니가 면회를 오자 그는 거절했다. 자신의 삶을 부러

뜨리고 망가지게 만든 장본인이 어머니라고 생각하니 도저히 용서할 수 없었다. 하지만 면회를 거절하고 나니 신열이 나고 가슴은 더욱 조여 왔다. 그때 '이 세상에서 제일 위대한 일은 누군가를 용서하는 일'이라는 수필 '해빙'의 한 문장이 떠올랐다고 했다. 그는 열흘 만에 다시 면회 온 어머니를 만나러 나갔다. 44년 만의 만남이었다.

"용서해다오. 죽기 전에 너에게 용서를 빌러 왔다."

"아닙니다. 44년이 아니라 440년 만에 오셨더라도 훌륭한 모습을 보여야 하는데 이런 모습으로 뵙게 된 저를 용서하십시오."

회한의 껍질을 한 꺼풀 한 꺼풀 벗겨내는 어머니의 고달픈 육신의 흔적이 그제야 보이기도 했다. 삶을 견디어 내는 일이 결코 녹록치 않았을 것이라며 어머니를 용서하게 되었다. 용서만이 사람과 사람을 잇는 사랑의 젖줄임을 알게 되었다는 것이다.

성탄절을 앞두고 또다시 L씨의 편지가 왔다. 지금까지 오고 간 편지가 수백 통이나 되지만 이번만큼 짧은 편지는 처음이었다.

"갈등과 대립을 화해와 용서로 바꾸고 나니 지옥이 천국이 되었습니다."

평화의 뜨거운 불씨를 안고
- 중부전선 최전방부대 5사단 방문

　세상은 고요한데 여명에 쫓기는 손톱달은 바쁘기만 하다. 이번 행사는 호국 보훈의 달을 맞이하여 분단의 현실을 재인식하고, 최전방 병사들을 위로하기 위하여 국방부에서 1박 2일로 마련하였다.
　부지런히 달려간 버스는 점심시간에 맞춰 동두천 소요산 입구에 도착했다. 소요산의 하늘은 오로라처럼 푸르게 빛났다. 맹렬히 쏟아지는 유월의 햇살을 피해 어느 한적한 식당 느티나무 아래서 산나물 비빔밥으로 허기진 배를 채웠다.
　5사단에 도착하자 먼저 달려와 반긴 것은 군악대의 연주였다. 듣기만 해도 가슴 저리는 아리랑은 여느 연주회에서도 느껴 볼 수 없었던 긴장과 이완, 생성과 소멸의 적절한 조화였다. 저음의 색소폰 소리는 마치 내면에 가득 차 있던 교만과 아집을 풍화시키는 듯했다. 어쩌면 열쇠부대는 통일만 여는 것이 아니라 사람의 마음까지도 여는 부대인가 보다.

　오래전 2군사령부에서 근무했다는 사단장님은 반세기 동안 이념대립의 현장인 DMZ에서 민족의 피눈물을 지켜보았을 철책선으로 만든 액자를 후원회원들에게, 후원회에서는 체력은 전투력이라며 운동기구를 병사들에게 전달했다.

　열쇠부대의 생활관으로 들어갔다. 예전에는 내무실로 불리던 것이 이제는 생활관으로 바뀌었다. 1인 침대를 사용하고 사물함에는 개인용품들이 자유롭게 얹혀있었다. 깨끗이 정돈되어 있던 종전의 내무실과는 사뭇 다른 모습이다. 식탁 위에는 작은 꽃병들이 놓여있어 마치 도심의 소박한 레스토랑에 들어선 것 같았다.

　복도에는 '대형 아크릴판으로 된 '칭찬합시다'라는 코너가 있었다. 현황판에는 병사 전원의 이름이 적혀 있고, 이름 밑에는 작은 포스트잇에 빼곡히 적힌 칭찬의 글들이 붙어 있었다. 포스트잇이 한 장도 없는 병장이 있는가 하면 수십 장이 붙은 일병도 있었다. 신세대 특유의 솔직함과 자유로움이 군부대에서도 잘 반영되고 있었다. 시대의 흐름에 따라 변화의 물결은 군부대에서도 예외는 아니었다.

　해발 395m의 백마고지는 한국전쟁 중 접전이 가장 치열했던 곳이다. 산의 형세가 백마가 누워있는 것 같아 백마고지로 이름 지어진 그곳은 열흘 동안 고지의 주인이 24번이나 바뀌었다고 한다. 생각만으로도 가슴이 아려 오는 백마고지로 가는 대마리에는 발 빠른 공인중개사 간판이 군데군데 자리하고 있었다. 치열했던 흔적은 간 곳 없고 전적비와 백마기념관이 그 위용을 대신할 뿐이었다.

백마고지 전적비에는 회고의 장, 기념의 장, 다짐의 장 등 세 부분으로 나누어져 처절했던 격전의 현장을 재현하고 있었다.

'회고의 장(과거)'에는 백마고지를 사수하기 위해 용감하게 싸우다 산화한 장병들의 넋을 추모하는 위령비와 분향소가 있으며, 1년에 두 차례의 위령제를 지내고 있다.

'기념의 장(현재)'은 통일의 염원과 전승을 기원하는 듯 두 손 모아 기도하는 모습이었다. 22m 높이의 전적비와 당시 백마부대장이었던 김종오 장군의 유품을 전시해 놓은 기념관이 있었다. 초등학교 교과서에 '백마고지의 휘날리는 태극기'라는 단원에서 어린 마음을 아리게 했던 육탄 3용사, 백마의 삼군신三軍神이라 불리던 그 육탄 3용사를 이토록 멀고 먼 세월을 건너 이곳에 와서야 만나게 되었다. 기념관 주변에는 살아 천 년, 죽어 천 년이라는 주목 네 그루가 서 있었다. 마치 평화를 기원하는 듯 간절한 몸짓이다. 어쩌면 저 주목도 피의 제물이 된 육탄 3용사와 함께 평화 지킴이로 천년을 함께 하지 않을까 싶다.

'다짐의 장(미래)'에는 전망대와 함께 자유의 종각도 건립되어 있었다. 북녘을 바라보며 종을 치는 이들의 간절한 열망들이 모이고 모여 통일은 그리 멀지 않을 듯하다.

해발 350m 고지의 열쇠전망대에 올랐다. 눈을 댄 망원경의 초점은 남방한계선을 넘어 비무장지대에 가서 멎었다. 반세기 동안 이념대립으로 이미 생활이 되어버린 정전停戰상태. 그러나 얼어붙은 비무장지대의 들짐승과 풀포기들은 이 나라의 아픔을 아는지 모르는지 서로 목울대를 세우지 않고 도란도란 정겨운 모습이다.

비무장지대를 가로지르는 역곡천은 자유로웠다. 남에서 북으로, 다시 북에서 남으로 무시로 넘나들고 있었다. 우리도 저마다의 크고 작은 기억의 생채기와 고정관념에 사로잡힌 의식으로부터 저렇게 자유로울 수 있다면 얼마나 좋을까.

열쇠는 열림에 필요한 도구이다. 그러나 그 열림이 어찌 눈에 보이는 것만이 전부이겠는가. 통일의 문을 열겠다는 열쇠부대를 방문한 후원회원들에게는 희미하게 퇴색되어 가는 안보의식과 통일에 대한 열망을 다시금 일깨우는 계기가 되었음을 부인할 수가 없다.

세월이 흘러도 결코 지울 수 없는 그 비극의 현장에서 병사들의 손을 잡고 함께 미사를 드리는 감회는 분명 뜨겁고 뜨거웠다. 일행들은 반세기 전의 이글거렸던 포열만큼이나 평화에 대한 뜨거운 불씨를 가슴에 가득 안고 귀갓길에 올랐다. 백마기념관의 조그만 돌에 새겨져 있던 글귀 하나가 마음을 붙들고 있다.

'세상은 모든 것을 망각하는가. 기억하는 이는 점점 세상을 등지고 젊은이들은 무엇을 위해 싸웠는지를 되묻고 있다.'

평화의 종소리는 울려 퍼지고
- 중부전선 최전방부대 6사단 방문

 어둠에 덮인 새벽하늘은 비라도 뿌릴 듯 심술이 나 있다. 눅진한 일기와는 달리 모두 상기된 표정들이다. 비록 유흥을 즐기기 위한 관광은 아닐지라도 권태로운 일상을 벗어난다는 설렘으로 체온이 1도쯤은 오른 것 같다.
 마침 전교주일이다. 전교주일에 군 선교의 황금어장을 방문하는 것은 그 의미가 남다르다. 지도를 펼쳐 드니 목적지인 철원이 까마득하다. 버스는 헉헉거리며 주저앉고 싶은 유혹을 물리치고 잰걸음으로 달린다. 일탈의 기쁨보다 병사들과 함께 미사를 드린다는 설렘이 발걸음을 더 재촉하는지도 모르겠다.
 38선 휴게소를 지나고 한탄강을 지난다. 치열했던 한국전쟁의 상흔을 고스란히 간직하고 있는 철원의 들녘에는 벼베기를 끝낸 그루터기가 쓸쓸하다.
 "찾아주시는 발걸음에 병사들은 큰 위로와 힘이 될 것입니다."

청성 성당 주임 신부님과 성당을 가득 메운 병사들의 표정이 무척 밝다. 전자기타와 드럼 반주에 맞춰 모두 어깨춤을 춘다.

군인성가대는 긴장과 이완의 적절한 조화로 절묘한 화음을 이룬다. 질서 속에서의 자유로움, 마치 영화 '시스터액터'를 보는 듯하다. 중년이 부르면 눈물이 괴는 아리랑도 아이들이 부르면 동요가 되듯이, 군인들이 부르면 성가도 군가처럼 그렇게 신이 나는 모양이다.

은혜로움으로 가슴 저미게 한 영성체 후의 묵상음악은 성령이 역사하시는 순간이며, 환희며 복음이다. 그리스도 안에서 복음화된 성당, 기쁨으로 충만한 병사들을 보며 군종후원회 회원으로서의 보람을 느끼지 않을 수 없다.

미사를 마치고 나오자 회색빛 하늘은 후드득후드득 비를 뿌리기 시작한다. 하느작거리던 빗줄기가 분단이데올로기의 산물인 노동당사에 도착하자 한여름의 소나기처럼 거세진다. 러시아 공법으로 시멘트와 벽돌만으로 세워졌다는 노동당사가 남루한 모습으로 서 있다. 공산 독재의 정권을 강화하고 국민통제를 목적으로 건립하여 무자비한 살육과 만행으로 악명을 떨치던 곳이다. 그토록 위세를 부렸던 노동당사의 위풍당당했던 모습은 간 곳없고 탄흔 자국만 남아 보는 이의 가슴을 더욱 아리게 한다.

철원은 전적지와 문화유적지가 많아 통일안보 관광지로 지정되었다. 반세기도 더 지나버린 역사 속 주인공이 되어 시공을 넘나들듯 출입금지와 허용이 반복되는 민간인 통제선을 통과한다. 지평선과 맞닿은 철원평야가 환하게 펼쳐진다. 치열한 접전으로 온통 검붉은 피로 얼룩졌다는 백마고지와 철의 삼각지대 그리고 피의 능선도 이 철원평야를 서로 차지하기 위해서였다고 한다.

당시의 상황을 상상도 할 수 없어 영화 '태극기는 휘날리며'의 한 장면을 떠올릴 뿐이다. 하늘에서는 포탄의 파편과 탄피가 우박처럼 쏟아지고, 땅에서는 전우의 시신을 딛고 다녀야만 했을 것이다. 찢길듯한 폭음으로 생과 사의 감각마저 잃은 무아지경에서도 적진을 향해 뛰어들어야 했던 젊디젊은 병사들의 찢겨나간 살점과 뼈마디가 썩어 저토록 비옥한 평야가 되었을까? 아니면 피어보지 못하고 송두리째 묻혀버린 그들의 꿈과 미래가 철원평야의 밑거름이 되었을까?

날짐승들의 보금자리인 토교저수지에는 시베리아에서 겨울을 나기 위해 모여든 철새들이 삼삼오오 모여 평화를 쪼고 있다. 마치 인간들의 욕망을 비웃기라도 하듯 매우 평화로운 모습이다. 우리의 삶도 모든 허욕을 내려놓고 저토록 평화롭고 자유로울 수 있다면 얼마나 좋을까?

1974년에 제1땅굴이 발견되고 75년에 제2땅굴이 발견되었다. 남북공동성명으로 평화와 화합의 분위기가 한창 무르익을 때, 겉으로는 천사의 미소를 지으면서도 적화야욕을 포기하지 않은 그들의 이중성이 적나라하게 잘 드러난 곳이다. 입구에는 갱도

작업 중에 숨진 병사들의 위령탑이 있다. 평화를 위한 일념으로 목숨까지 사수한 그들을 위한 묵념의 시간이다.

일행들은 노란 헬멧을 쓰고 땅굴로 들어간다. 제2땅굴은 여느 땅굴과는 달리 1시간에 3만여 명의 완전무장을 갖춘 병력이 이동할 수 있는 대형 땅굴이다. 땅굴 깊숙한 곳에는 발전기를 설치했던 자리. 장비를 식히기 위하여 물을 가둬놓은 자리가 있다. 지하수의 흐름까지 감안하여 절묘한 각도로 파 들어온 그들의 천인공노할 만행과 두더지 근성을 우리는 어찌 잊을 것인가.

월정리역은 서울에서 원산까지 달리던 경원선의 최북단 종착역이다. '철마는 달리고 싶다'며 절규하던 철마는 삭은 고무줄처럼 끊어져 버린 철길 위에 쓰러져 신음하고 있다. 심장에 뜨거운 불을 지펴 산천을 달리던 그 기상은 간곳없고 반세기 전의 어정쩡한 타협의 유산치고는 너무나 처참한 모습이다.

월정리 역사驛舍 옆에는 평화의 종탑이 있다. 평화의 종은 비무장지대에서 수집한 포탄과 총탄을 녹여 만든 것이다. 한국전에 참전했다가 산화散華한 19개국 젊은이들의 넋을 위로하고 민족의 일치와 화해를 위하여 춘천교구에서 만든 것이다.

인솔자인 대령님의 배려로 지도신부님 외 일행 대표로 평화의 종을 타종한다. 운율과 은유와 상징의 멋과 맛이 다 포함된 평화의 종소리는 마치 가야금 한 줄이 퉁기어 울리는 듯 청아하다. 철새들이 푸드덕거리며 일제히 비상한다.

저녁기도의 시간을 알리는 밀레의 만종은 노동을 끝낸 부부의 겸허한 실루엣이라면, 평화통일의 간절함이 담긴 평화의 종소리는 단절이 아니라 화해다. 분열이 아니라 일치이며, 저 결빙의 땅을 온통 봄빛으로 물들일 구원의 종소리이다.

땅거미가 서서히 내려앉는다. 일행들은 출발점으로 돌아갈 버스에 오른다. 되돌아가는 길은 이 땅의 여느 길과 다르지 않다. 길은 화해로 가는 출발선이며, 열림을 위한 도화선이다. 화해로 가는 길은 손 내밀면 닿을 지척에 있지만 빗장이 굳게 걸린 그 길의 열림은 아득히 멀고도 멀다. 그러나 열림을 갈망하는 베틀에서 군인들과 후원회원들이 서로 씨줄과 날줄이 되었을 때 통일이라는 결고은 융단이 짜여지지 않을까 싶다.

그 열린 길을 따라 멈춰 선 철마는 태극기 휘날리며 원산을 넘어 백두까지 달려갈 것이라는 믿음으로 나른해진 몸을 창가에 비스듬히 기대어 앉는다. 어둠에 묻힌 차창 밖에는 민가의 아스라한 불빛만 드문드문 스쳐 가고 밤하늘에는 상현달이 종종걸음으로 따르고 있다.

가을 남자
- 꿈꾸는 가을 남자, 류영택 수필가를 추모하며

사랑하는 류 작가!

아침부터 가을비가 추적추적 내렸습니다. 어쩐 일인지 참 서럽게 내렸습니다. 날벼락 같은, 도무지 믿을 수 없는 비보를 듣고서야 안타깝고 서러워 하늘이 흘린 눈물임을 알았습니다. 무엇이 그리 급하여 작별인사 한마디 없이 훌쩍 강을 건넌단 말입니까?

류 작가!

가을 억새 사이로 비치는 햇살을 보며 미소 지을 수 있어 참 행복하다고, 그리고 글벗으로 오래오래 함께하자며 문자를 서로 주고받은 지 겨우 두 시간 후에 저 세상으로 건너갔다니 황망하기 그지없습니다. 마치 연서처럼 보내오던 수십 통의 문자가 아직도 휴대전화에 고스란히 담겨있는데 어찌 그리 느닷없이 떠날 수가 있었단 말입니까. 한여름 대지를 식히는 단비가 되었다가 때로는 난로처럼 시린 가슴을 데워주던 류 작가의 문자는 한 편의 탱글탱글한 시요, 구수한 수필이요, 익살스런 유머였습니다.

누군가의 조문객이 되어 유년시절의 추억들을 민담처럼 술잔에 풀어 놓아야 할 그대가 어찌하여 국화꽃 더미 속에서 환한 미소를 짓고 있는 것입니까. 삶에 서로 망을 봐줘야 안심이 된다던 류 작가의 형님에게 이제 누가 냉면을 사 주고 지켜준단 말입니까.

류 작가!

그대는 꿈을 간직한 꿈꾸는 사람이었습니다. 딛고 선 현실은 곤고하였으나 항상 꿈을 잃지 않았기에 더욱 사랑하였습니다. 기억하나요? 역학을 배우던 류 작가를 만나기 위하여 문화센터로 찾아갔던 초여름 밤을요. 벤치에 앉아 그대는 동녘 하늘에 유난히 빛나는 초록별을 가리키며 말했지요. 치열하게 수필을 써서 수필계의 초록별이 되고 싶다고요. 가끔 살아가는 일이 버거울 때도 있지만 그래도 진정한 글쟁이로 남고 싶다고 했었지요. 그렇듯 수필에 대한 사랑과 열정으로 뜨겁던 그대가 이토록 빨리 하늘의 별이 되어 떠날 줄은 정말 몰랐습니다.

류 작가!

그대와 첫 통화를 했던 가을을 아직도 생생히 기억합니다. 수필을 배우고 싶다며 대봉도서관 수필창작반을 찾아온 그대와 글벗으로 지내온 세월이 5년입니다.

그동안 우리는 참 많이 울고 웃었습니다. '막사발'이란 작품으로 '신라문학대상 당선'이라는 소식에 기뻐하며 축배를 들었는데 '작품은 정말 아깝지만 수필세계 등단이 결정된 작가'라는 이유로 이튿날 당선취소 되었다는 소식에 '막사발'이 '묵사발'이 되었다며 우리는 얼마나 가슴을 쳤던가요.

수필의 동지로 서로 믿고 위로하는 남매처럼, 때로는 문자로 애틋한 마음을 주고받는 연인처럼 말입니다. 그 추억이 휴대폰 속에 고스란히 간직되어 있는데 류 작가가 처음 나를 찾아왔던 그 계절에 홀연히 떠나버린 그대는 진정 가을 남자입니다.

사랑하는 이들과의 작별인사를 위해 류 작가가 영안실에 누워 있던 사흘 동안은 하늘도 울고 땅도 울었습니다. 무거운 짐 다 벗고 한 줌의 재가 되어 고향을 찾을 때는 그대를 안으려는 듯 하늘이 말갛게 개였습니다.

그대를 보내기 위한 마지막 헌토의 시간.

한꺼번에 터지는 많은 오열은 깊고 무겁고 뜨거웠습니다. 우리가 다 알 수 없는 영역의 신비를 주관하시는 절대자께서는 저 너머의 나라에서도 류 작가를 귀중히 쓰시려는 것이었겠지요. 류 작가를 안타까워하며 오열하는 사람이 많은 것은 류 작가가 이승에서의 삶을 그만큼 잘 살았다는 증거가 아닐까 생각합니다.

이제 조여 오는 심장의 고통과 이 땅에서의 아픔에서 벗어나 그곳에서 좋은 작품 많이 쓰십시오. 류 작가는 갔지만 그대가 뜨겁게 썼던 작품들은 조만간 출간될 유고집을 통하여 그대를 사랑했던 우리들 곁에 영원히 머무를 것입니다.

사랑하는 류작가!

가톨릭 성직자 묘지에 가면 '오늘은 내 차례, 내일은 네 차례'라고 쓰여 있습니다. 누구나 피해갈 수 없는 그 길을 이왕 먼저 가셨으니 그곳에서 수필의 터나 잘 다져 놓으십시오. 그러나 각오하십시오. 류 작가를 사랑하고 류 작가의 수필을 사랑하는 문우들에게 한마디 인사도 없이 냉정히 가버린 죄로 우리 다시 만나는 그날, 류 작가의 등짝은 성치 못할지도 모르겠습니다.

류 작가, 이 세상에서 함께 울고 웃었던 우리들의 시간에 감사하며 평화로운 안식을 기원합니다.

사랑합니다.

111번째 순례

    드디어 배가 움직인다. 너울성 파도로 출항이 어렵다던 여객선은 정규 시간을 조금 넘기고서야 겨우 출항이다. 전날 밤, 출항이 어려울 것 같다는 완도여객터미널의 전화를 받고도 이렇게 강행을 한 것은 보이지 않는 은총이 늘 함께 할 것이란 믿음이 있었기 때문이다.

    하지만 파도는 여전히 거칠어 갑판 위에 서 있기가 힘들다. 선실에 들어와 주변을 비집고 누웠지만 배는 거친 파도를 타고 심하게 흔들린다. 추자도는 속살을 쉽게 보여주지 않으려 듯 갈급해지는 내 심정부터 살피게 한다. 묵주를 손에 쥔다.

    해를 거듭할수록 지난 것들은 아쉽고 현재는 조급하고 미래는 불안해졌다. 삶의 첫머리에 두었던 신앙생활은 차츰 미지근해지고, 가슴 설레게 했던 일들도 그저 무덤덤해졌다. 미몽에 빠진 듯 생기도 윤기도 없는 나날을 보내고 있었다. 그즈음 어느 교우

로부터 '성지순례'라는 책을 선물 받았다. 평소 쉽게 갈 수 없는 지역이지만 작정하고 다닌다면 삶의 활력을 되찾을 수 있을 것 같았다. 더구나 책자에 수록된 111곳을 모두 순례하면 주교회의에서 축복장을 수여한다고 하니 일거양득이 아닌가.

나의 성지순례 제안에 평소 가깝게 지내던 교우 두 부부가 흔쾌히 동행을 수락했다. 우리 부부는 순례 코스 짜기와 숙소 예약, 기도 주송을 맡았고, 함께 하는 두 부부가 운전과 총무, 숙소에서의 먹거리를 담당하여 순례의 길을 더욱 풍요롭게 했다. 서로 머리를 맞대고 같은 곳을 바라보며 공감한다는 것은 참으로 든든한 일이며, 친밀도를 더욱 높이는 계기가 되기도 했다.

매월 첫 주말로 잡은 순례는 알람보다 정확하게 돌아갔다. 뜨거운 뙤약볕도 성난 비바람도 차디찬 눈발도 개의치 않았다. 성지는 가는 곳마다 숱한 언어가 남아 있었다. 그 언어에 끌려 고요히 머물며 기도한 곳도 있었지만, 노루꼬리 같이 짧은 해넘이에 쫓겨 가끔은 확인도장 찍는 데만 급급한 날도 있었다.

순례를 시작한 지 서너 달쯤 되자 허리에 탈이 났다. 일행들은 더 이상의 순례는 무리라며 연기하자고 했으나 뒷좌석에 누워서라도 꼭 완주하겠다고 마음먹었다. 좋은 것은 쉽게 얻을 수 없는 법이기는 하지만 간절히 바라고 마음을 모으면 결국은 이루어질 것이란 믿음이 있었다.

이태 전, 성지순례를 계획하고 첫발을 디딘 곳이 제주도의 정난주 묘였다. 제주도에서 시작한 순례가 전국을 돌고 돌아 이제 마지막 111번째의 순례지로 가고 있다. 더구나 이번 일정은 결코 쉽지 않은 곳이다. 바람이 허락하지 않으면 갈 수 없다는 추자도다. 추자도는 소나무와 바위가 어우러진 아름다운 섬이지만 가슴 저리도록 슬픈 모자의 이야기가 서려 있는 곳이기도 하다.

신유박해(1801년)가 거세게 몰아치던 섣달 어느 날, 정약용의 조카이자 황사영의 부인인 정난주 마리아는 '황사영 백서사건'으로 남편이 서소문에서 처형되자 하루아침에 정경부인에서 노비 신세가 되고 제주도로 유배 가게 되었다. 두 살배기 아들을 안고 목선木船에 올랐지만 연좌제로 젖먹이 아들조차 평생 노비로 살거나 죽임을 당할 운명이었다. 때마침 풍랑이 심하여 배가 추자도에 머물게 되자 정난주는 뱃사공을 설득하고, 그 뱃사공은 술로 나졸들을 유인하여 정난주를 도와주었다. 아들을 저고리로 싼 뒤 이름과 생일을 적어 갯바위에 숨겨두고 나졸들에게는 아들이 죽어 수장水葬했다고 한 후 유배를 떠났다.

아기의 울음소리를 듣고 달려온 한 어부의 정성으로 황경한은 잘 성장하였다. 후일 뱃사람들을 통해 어머니의 소식을 듣고 만나기를 원했으나 정난주는 아들의 안위를 생각해 끝까지 거절하였다. 모자는 서로를 그리며 한 번도 만나지 못한 채 어머니는 제주도에, 아들은 추자도에 묻히게 되었다. 미처 깨닫지 못한 어떤 말씀이 숨은 것인지 우리의 성지순례가 어머니로부터 시작하여 아들에서 끝을 맺게 되는 셈이다.

  피로써 신앙을 증거한 순교자들의 넋이 깃든 성지를 방문하여 그들의 영성과 생애를 묵상하며 기도한 것보다 어쩌면 축복장이라는 잿밥에 더 관심을 두었는지도 모르겠다. 동기가 조금은 불손하였을지라도 '땅에서 매면 하늘에서도 매고, 땅에서 풀면 하늘에서도 풀릴 것이다'는 성서의 한 구절을 떠올리며 스스로 위안을 삼는다. 저 멀리 억새로 덮힌 추자도가 보인다. 내 삶의 역사에 또 하나의 큰 획이 그어지는 순간이다.

앞자리

어느 군 성당 축성식 날입니다.

성전으로 들어가기 위하여 줄을 선 사람들은 대충 눈대중으로 봐도 절반밖에 들어갈 수 없을 정도로 많습니다. 사정이 그렇게 되면 아무리 정갈한 마음으로 미사에 왔을지라도 조급해지기 마련입니다. 자리에 앉지 못하면 몇 시간이나 걸리는 미사를 선 채 드려야 하기 때문입니다. 테이프 절단식이 끝나고 입장이 시작되자 자리다툼은 입구 계단에서부터 시작됩니다.

서로 밀고 밀리면서 자리를 차지하기 위해 조급하게 계단을 오르는 사람들에게 후원회 일행들은 길을 터주며 아주 느긋한 마음입니다. 맨 앞자리에 후원회석이 마련되었다는 연락을 미리 받았기 때문입니다. 서둘러 성전에 도착했지만, 발을 아예 들여 놓지 못하고 현관 입구에 서 있는 사람들이 부지기수입니다. 그래도 용케 자리를 잡은 사람, 가장자리에 서 있는 사람들을 비집고 후원회 일행들은 성전의 맨 앞으로 들어갔습니다.

성전 오른쪽 앞자리에는 '성직자석과 수도자석'이 마련되어 있고, 왼쪽 앞자리에는 '은인석, 후원회석'이라 이름 붙여져 있습니다. 일행들은 비어 있는 앞자리에 앉습니다. 괜스레 뒷사람들의 시선이 뒤통수에 와 꽂히는 듯합니다. 천여 명이나 되는 사람들의 제일 앞자리에 앉은 내빈답게 나는 옷매무새를 고치고 어깨를 펴고 앉습니다.

옆자리의 은인석에는 옥색 한복을 입은 노파가 중년 두 명과 함께 미리 자리해 있습니다. 아마 그 노파의 아들과 딸인 듯합니다. 이 큰 성전을 건립하는데 은인이라면 매우 부유하고 기품 있는 모습일 거라는 상상과는 전혀 다른 차림새입니다. 십 년은 훨씬 더 되었을 후줄근한 한복과 갈퀴 같은 손이 그 노파의 곤고한 삶을 짐작케 합니다. 행색이 초라해 보이기는 그의 아들과 딸도 마찬가지입니다. 어느새 미사가 끝나고 노파의 가슴에는 황금빛이 돋보이는 감사패가 안겨졌습니다.

평생을 노점에서 번 돈을 쾌척하여 성당을 짓는데 초석이 되었다는 사회자의 설명에 우레와 같은 박수는 좀체 그칠 줄 모릅니다. 노파는 쑥스러운지 오른 손등과 왼 손등을 서로 맞대어 비벼댔습니다.

"할머니, 참 대단하십니다. 옆에 계신 자녀분의 반대도 있었을 텐데 어떻게 그런 힘든 결정을 하셨어요?"

"죽으면 썩어질 몸뚱인 겨. 아무리 돈이 좋다고 해도 죽을 때 한 푼도 가져갈 수는 없는 겨. 젊디젊은 나이에 청상이 되어 내 맘 의지할 곳 하나 없었어야. 어린 자슥 버리지 않게 해달라고 울며불며 졸라댄 곳이 이곳이니 어쩌야."

마치 과부의 동전 한 닢과도 같이 자신의 전부를 내어놓은 노파의 겸손한 모습에 어느새 나는 초라한 모습으로 저만치 밀려나 있습니다.

신앙 안에서의 햇수가 깊어지고 삶의 더께가 더해갈수록 종교가 때로는 헌신만을 요구하는 삶의 굴레이자 멍에라는 생각이 들었습니다. 신앙의 언저리에서 발을 넣지도 빼지도 않은 채 서성이고 있을 때, 아들놈이 군대 입대를 하게 되었습니다. 훈련소 담장 아래 초막이라도 지어 머무르고 싶은 애닯은 마음에서 궁여지책으로 생각한 것이 군종후원회에서 봉사하는 것이었습니다. 그것은 어쭙잖게 남을 위해서가 아니라 아들놈의 안녕을 위하여 마치 절대자에게 조건부로 제시한 이율배반적인 몸짓이었는지도 모릅니다. 나의 얄팍한 몸짓이 대단한 것을 후원하는 것으로 비쳤고, 또 후원회라 자리매김 된 것입니다.

노파에게 던져진 박수 소리가 이젠 내빈이라 불리어진 나에게로 달려옵니다. 후원회이기에 앞자리는 당연한 것쯤으로 생각하고 만용을 부렸던 내 무모함이 한없이 부끄러워 어디 쥐구멍에라도 숨고 싶은 심정입니다. 조그만 봉사로 스스로 자족감에 빠져 있던 나 자신이 여지없이 발길질 당하는 것만 같습니다.

　사회자가 일행들을 소개하는 마이크 소리도, 우렁찬 박수소리도 귀에 들리지 않습니다. 그러나 지극히 짧은 시간, 한없이 부끄럽고 초라해진 마음과는 달리 금세 얼굴에는 적당한 미소를 머금은 채 뒤돌아서서 허세의 몸짓으로 박수에 대한 답례를 합니다. 빳빳해진 목은 쉬이 숙여지지 않고 쓸데없는 자존심으로 가득한 마음 비우기도 쉽지 않습니다.

　앞자리이건 뒷자리이건 그 자리에는 분명 치러내야 할 자리값과, 채워야 할 분량이 있을진대 화려하고 달콤한 앞자리에 서면, 그 사실을 까마득히 잊고 마는 내 오만한 삶이 우울한 빛깔로 저만치 서 있습니다.

심안

얼마 전, 시각장애인으로부터 식사를 함께 하자는 연락을 받았다. 볼 수 있으나 보이지 않는 것들을 글로 표현해야하는 나와, 볼 수 있는 것조차 제대로 볼 수 없는 그와의 만남은 썩 내키는 마음이 아니었다. 그러나 마음과는 달리 덜컥 약속을 해놓고 나니 조바심이 나기 시작했다. 생면부지인 그에게 건성으로라도 해야 할 마땅한 말이 떠오르지 않을뿐더러 무슨 부탁이라도 해 오면 거절을 못하는 나의 성격 때문이었다.

오랫동안 연락이 없던 친구나 이웃이 만나자는 연락이 오면 반가운 마음보다 우선 더럭 겁이 나는 것이 요즘 세태다. 누가 지나치게 친절하다 싶으면 그 속내부터 가늠하게 되고 마음속에는 민감한 계산기부터 두드리게 된다. 아무리 살아가는 현실이 힘들지라도 그래도 받는 쪽보다는 줄 수 있는 쪽이 더 행복하다고 말은 그렇게 쉽게 하지만 그것은 이론에 불과하다.

하얀 와이셔츠에 감색 양복을 단정하게 차려입은 그는 검은 선글라스를 쓰고 맞은편에 앉아 있다. 그때부터 그와 나는 서로를 탐색하기에 바쁘다. 나는 시각을 통하여 그의 의도된 마음이 무엇일지 탐색하고, 그는 청각의 촉수를 더욱 높여 나의 목소리의 톤이나 음색을 통하여 내 속내를 더듬기 시작한다.

그가 식탁 위에 차려진 음식을 향하여 젓가락을 더듬어 간다. 오로지 촉각으로 전해오는 음식을 절반은 흘리고 남은 절반만 가까스로 목으로 넘기고서야 무엇을 먹었는지 겨우 가늠한다. 마치 더듬이와도 같은 젓가락으로 선택의 여지없이 음식을 먹어야만 하는 그 앞에서, 내 아무리 시장기가 돌고 창자의 반란이 시작되어도 수저 소리를 맘 놓고 낼 수가 없다. 언젠가 책에서 읽은 적이 있는 '허기진 사람을 옆에 두고 저 혼자 배불리 먹는 것은 정신장애인이다'라는 글귀가 자꾸 떠오르는 것은 무슨 이유인지 모르겠다. 그 글귀도 문제려니와 이제나저제나 그가 불쑥 던져 올 어떤 결정적인 말이 무엇일지 조바심에 내 위장은 마치 돌을 눌러 놓은 것 같다.

오래전, 피정을 간 적이 있다. 피정은 일정 기간 번잡한 일상에서 벗어나 고요 속에서 자신의 삶을 묵상하며 성찰하는 종교의 수련 과정이다. '신뢰'라는 주제로 2인 1조가 되어 시각장애를 체험하는 프로그램이 있었다. 100m 정도 되는 거리에 군데군데 물구덩이도 만들고 압핀도 두었다. 한 사람의 눈을 안대로 가리게 한 후, 한사람이 장애물이 있는 곳을 인도하여 종점까지 가는 일이다. 그렇게 진땀을 빼며 무사히 통과하면 역할을 바꿔야 한다. 한 번은 누군가를 인도하고, 또 한 번은 누군가의 보호를 받는 체험을 해보기 위함이다.

펼쳐진 상황을 아무리 소소하게 설명을 해도 내 깜깜한 머릿속에는 그저 압핀과 물구덩이밖에 생각나지 않았다. 평소 나를 이끄는 사람과는 불구덩이에라도 함께 할 것처럼 우정을 나눴었는데 막상 눈을 가리게 되니 선뜻 몸을 내어주지 못하고 물가로 끌려가는 당나귀 같다.

내 마음속에는 민감한 자와 저울이 들어있다. 어디를 가거나 무엇을 봐도 재고 저울질하기에 바쁘다. 만나는 사람과 그 사람의 품을 저울질하고 끝내는 그 사람과 나와의 거리를 재기도 한다. 내가 지니고 다니는 자와 저울이 가장 정확할 거라는 확신도 했다. 가끔 나를 재는 사람을 볼 때는 무관심한 척하면서도 틀림없이 그 눈금이 잘못되었을 거라고 스스로 위안해 버리기도 한다.

불편한 식사를 끝내고 자리에서 일어선다. 그는 주위를 더듬어 지팡이를 찾는다. 얼른 팔을 부축하고 지팡이를 쥐어주는 나에게 팔꿈치만 빌려 달라고 한다.

나의 오른쪽 팔꿈치를 살짝 잡은 그의 발걸음이 참으로 반듯하다. 비록 주차장까지의 짧은 거리지만 나의 팔꿈치를 통해 전해오는 그의 전폭적인 신뢰 앞에서 자를 재고 저울질하며 실눈으로 경계해온 나의 궁핍한 영혼이 참으로 부끄럽기 그지없다.

세상은 눈으로 보이는 것만이 전부가 아니라 마음으로 보고 느낄 수 있는 것들이 더욱 많을 진데, 나는 눈에 보이는 것만으로 판단하고 단정하는 일에 너무나 익숙하게 길들어져 있다.

마음에 사랑이 많으면 눈이 밝아진다고 한다. 갈등과 편견이 전혀 없이 살기에는 불가능하겠지만, 상대방을 온전히 받아들이고 남을 배려하는 마음이 활짝 열려있다면, 사랑이 넘치고 밝은 세상이 되지 않을까 싶다. 그러나 그것이 말처럼 쉬운 일이겠는가. 오늘도 고운 시선으로 바라보리라 길을 나서지만 내 혼탁해진 눈은 벌써 보이는 그 너머의 것을 더듬고 있다.

성모님께 드리는 기도

세상 만물이 꽃피는 오월.
가장 아름다운 성모성월의 밤입니다.
환한 달빛이 쏟아지는 이 밤,
송이송이 기도의 꽃으로 엮은 이 화관을
순결하신 어머니께 봉헌합니다.
십자가 죽음 앞에서
아드님의 상처를 다 받으시고도
결코 믿음의 별을 잃지 않으셨던 어머니,
어둠을 빛으로
미움을 사랑으로 꽃피우신 당신이야말로
거룩한 신비이십니다.
비천한 이의 위로자신 어머니여,
이 시대에는

집은 있어도 사랑이 없어 눈물짓는 이들이 참 많습니다.
그들에게
성모님의 사랑은
간절한 그리움이자 영원한 희망입니다.
가장 다정한 모습으로 저희에게 오신 천상의 모후여!
바쁘다는 핑계로 발길이 뜸한 저희를 기다리시는 동안
얼마나 외롭고 쓸쓸하셨습니까.
날마다 흔들리며 살아가는 저희는,
당신 아드님의 가슴에 못을 박을 때가 많습니다.
선연한 못 자국이 채 아물기도 전에
또다시 못질을 수없이 해대기도 합니다.
손에서 망치를 쉽게 내려놓지 못하는
나약한 저희 때문에
당신은 또 하루하루 얼마나 가슴을 졸이셨습니까.
어머니들의 표상이신 성모마리아여!
이 땅에 모든 어머니의 간절한 사랑을 한곳에 다모아도
푸른 망토로 저희를 감싸 안으시는
성모님의 따스한 사랑에
감히 견줄 수 있겠습니까.
죄인들의 피난처이며 위로자이신 어머니여,
저희들이 발 딛고 살아가는 이 땅에는

물질 만능과 집단이기가 만연합니다.
서로를 향한 마음에 빗장을 굳게 걸어버린 오늘,
그 결과는 언제나 분열과 반목을 가져옵니다.
그러나 어머니!
저희는 잘 알고 있습니다.
단절이 아니라 화해, 분열이 아니라 일치만이
온 세상을 구원의 빛으로 물들일 수 있다는 것을.
기쁨과 은총이 출렁이는 이 밤,
성모님의 향기로 그윽한 이 오월의 밤.
고요히 타오르는 촛불처럼 겸허하고 평온한 이 밤에
결빙의 땅, 아득한 저 북녘의 땅에도
어머니의 사랑과 은총을 가득히 뿌려주소서.
팔랑대는 연둣빛 잎새도 꽃으로 보이는
이 눈부신 계절에
저희의 삶이 날마다 축복인 듯 살게 하소서.
어떤 수식어와 미사여구로도 표현할 수 없는
천상의 모후이신 어머니여,
오늘 밤, 감히 당신께 고백합니다.
어머니! 사랑합니다.
사랑합니다.
사랑...합니다.

미리 쓰는 유서

 은행에서 예상치 못한 전화가 왔다. 직원은 사무적인 목소리로 입금이 연체되었다고 했다. 낮잠 중에 걸려온 전화여서 엉겁결에 대답을 하고 전화를 끊었지만 무슨 명목의 돈인지 아무리 생각해도 기억이 나지 않았다. 기억을 더듬으며 여기저기 서랍을 열어 통장을 찾아봐도 어느 곳에도 보이지 않았다.
 평소 자주 사용하던 물건도 긴요히 찾으면 없다가도 필요한 시간이 지나고 나면 금세 눈에 띄었던 때가 부지기수다. 물건을 손에 쥐고는 찾아 헤맬 때도 있고, 건넛방에 가서는 무엇을 가지러 왔는지조차 잊어버릴 때도 종종 있다.
 세월은 참으로 빠르다. 그 세월만큼이나 생기와 윤기도 빠른 속도로 잃어 간다. 한때 파들파들했던 순발력과 암기력은 점점 무디어지고, 아무리 정성 들여 곱게 화장해도 주름살만 선명히 드러날 뿐이다. 기력도 예전 같지가 않아 어디에서 훔쳐라도 오고 싶을 정도다. 살아갈 날이 가을 햇살만큼이나 짧아진 내 남은 날들, 이제 망각의 바퀴는 더욱 가속도가 붙을 것이다.

살아오면서 나에게 내일이 없을 것이란 생각은 단 한 번도 해본 적이 없다. 오늘은 어제 죽은 이가 그토록 갈망했던 내일이라 말은 잘도 하지만 그럼에도 불구하고 오늘 일을 내일로 미루며 늘 허둥대기만 했었다.

늦은 시각, 남편과 식탁에 마주 앉았다. 촛불을 켜고 와인 두 잔으로 분위기 연출을 한 후 소등을 했다. 그런 분위기에 익숙하지 않은 남편은 또 무슨 일로 저러나 싶은지 의아해하며 긴장한 눈치였다.

나는 유서를 쓰자고 했다. 느닷없이 내뱉은 말에 남편은 화들짝 놀라 사색이 되었다. 가톨릭 사제들의 예를 들었다. 유서를 작성한 후 교구장에게 위탁해놓고 매시간을 마지막처럼 살아가는 사제들처럼 다가오는 결혼기념일에는 우리도 유서를 작성하자고 했다. 그 유서는 잘 봉인하여 보관하였다가 상대의 유사시에만 개봉할 것이며, 신변변화에 따라 매년 결혼기념일에는 갱신하자고 했다. 나의 뜬금없는 제안에 남편은 안도의 한숨을 쉬더니 흔쾌히 승낙하였다.

백지를 앞에 두고 무엇을 유서로 쓸 것인가 곰곰이 생각해보았다. 그렇다고 남편 몰래 모아 놓은 비상금이 있는 것도 아니고, 어디 빚을 진 것도 아니다. 그러면 무엇을 써야 할까?

그동안 꾹꾹 눌러 참아왔던 것들을 쓸까? 아니면 감사했던 마음들을 쓸까? 그러나 결혼 첫날부터 소맷자락을 어깨까지 걷어 올리고 늘 젖은 손으로 살아가게 한 남편에 대한 원망이 먼저 스멀스멀 고개를 들었다. 평소 불평이 조금 거세진다 싶으면 "그래, 우리 언제 하루 날 잡아 속 시원히 싸웁시다."며 슬그머니 구렁이 담 넘듯 해버렸던 남편의 그 얄미웠던 감정도 떠올랐다. 좋은 날에는 입으로 나누어 먹다가도 심사가 뒤틀린 날엔 무를 싹둑 자르듯 무정했던 기억들도 많았다. 아내가 대단한 철인이거나 도깨비방망이 하나쯤 가진 것으로 생각해 온 남편, 해도 해도 다 못한 말들이 오락실 두더지처럼 불쑥불쑥 떠올랐다.

밉다 곱다 하면서도 그럭저럭 쌓여 온 정 탓일까. 남편에게 마지막으로 하는 말이라 생각하니 살아온 세월만큼이나 진득함도 묻어났다. 가장의 정신적인 파업 한번 없이 오로지 앞만 바라보고 살아온 남편을 생각하면, 그 많은 분량의 얄미웠던 감정도 다 상쇄해 버린다. 부부라는 인연으로 맺어져 어떤 일에서나 절대적인 신뢰를 보내준 것에 대하여 감사한 마음만 뚜렷이 남았다.

사랑하는 아이들과 인위적으로 맺어진 형제와 피를 나눈 나의 형제들에게는 이런 말을 남기고 싶다. 힘들 때마다 늘 곁에서 힘이 되고 아낌없는 사랑을 보내주었기에 나는 용기를 얻을 수 있었으며 힘을 낼 수 있었다. 만약 내세가 있고 윤회가 있다면 다시 형제로 만나고 싶다는 마음을 남기고 싶다.

지인들에게는 서푼어치의 가치도 안 되는 나를 진심으로 믿고 사랑해주었기에 내 삶은 참 보람되고 행복했다고 말씀드리고 싶다. 마지막으로 내 몸의 어느 한 곳이라도 쓰일 수 있다면 절박하게 필요로 하는 사람에게 일부를 떼어주라고 쓰고 싶다.

오늘도 어김없이 세월의 계단을 한 발 한 발 내딛는다. 내 생이 언제 막을 내릴지는 모르겠지만 나의 빈자리에서 유서를 읽게 될 가족들과 지인들의 기억 속에 이왕이면 아름다운 사람으로 오랫동안 기억되었으면 좋겠다.

> 발문

그의 인생과 신앙 그리고 문학

    이숙희 수필가와 나와의 인연은 길게 이어져 있다. 세월만 그러한 것이 아니라 문단의 울타리 안에서 그와 주고받은 대화는 넓고도 깊다.

    1999년, 내가 대구교대에서 첫 수필 강의를 했을 때 그는 배우는 자리에 앉아 있었다. 새로운 세기를 맞아 수필의 저변이 무한히 확대될 때, 학기를 거듭할수록 수료생은 무더기로 쏟아져 나왔다. 이를 감당하기 위해 문학회를 결성하게 되었고, 그는 그 모임을 헌신적으로 이끌어 왔다.

    어느 날, 나는 그와 마주 앉아 진지하게 내심을 털어놓았다. 교직 현장에 몸담고 있던 나로서는 바깥 활동에 제약이 있었고,

함께 문학의 밭을 일구어 갈 동지가 필요했다.

나는 그에게 세 가지의 버킷 리스트를 내놓았다. 첫째로는 내실 있는 수필아카데미를 운영하여 그야말로 이론과 실기로 무장한 수필 전사들을 세상에 배출하고 싶다고 했다. 두 번째로는 수필문예지를 창간하는 일이었다. 서울과 지방 한 곳을 포함하여 겨우 대여섯 종의 문예지가 발간되고 있던 당시에 글을 쓰는 수필가가 진정 주인이 되는 전문 수필지의 발간이 필요하다고 했다. 세 번째로는 언제가 될지 모르지만 수필가들의 보금자리가 될 문학관을 건립하여 수필발전소를 돌리자는 것이었다. 그는 흔쾌히 동의했다. 무슨 도원결의 비슷한 것이 이루어진 셈이었다.

20년이 지난 오늘, 세 가지의 꿈은 모두 이루어졌다. 우선 2004년 여름, 계간 《수필세계》가 창간되어 발행인이라는 궂은일을 이숙희가 맡았다. 수필세계는 19년 동안 76호가 발간되면서 한 번도 계절을 놓친 적이 없었고, 59명의 소수 정예 수필 신인을 배출해 냈다. 그는 1,500부나 되는 발송비를 절감하기 위해 일일이 우편번호를 분류하여 우체국에 싣고 가는 수고를 마다하지 않았다.

수필아카데미 교실은 사시사철 불이 꺼지지 않아 2,500여 명의 수료생이 배출되었다. 그중에 200여 명이 등단하여 각지에서 수필가로 이름을 올리고 있으며, 7개의 수필단체가 제각각 활동하고 있다. 2015년 9월, 숙원이었던 한국수필문학관이 건립되었다. 우리나라 최초 개별 장르 문학관이 지방인 대구의 명륜동에 우뚝 서게 되었다. 수필가 이숙희와 나와의 인연이 없었다면 결코 이루지 못할 성과들이다.

　지난 세월, 이숙희 앞에는 내가 있었고, 내 뒤에는 이숙희가 있었다. 때로는 그가 내 앞에 나서서 거친 일을 막기도 했다. 수많은 사람들이 머물렀다가 지나가고, 지나갔다가 다시 와 머물렀지만 그와 나는 한 번도 틈을 둔 적이 없다. 그는 가끔 나에게 세상 보는 눈이 어둡다고 타박을 하지만 내 눈은 그렇게 어둡지 않다. 그와 긴 세월을 함께 동행해 온 것만 봐도 꽤 밝은 눈을 가졌다고 할 만하다.

　2.

　이숙희는 2002년 대구문협 기관지인 《대구문학》 신인상 공모전을 통해 등단했다. 예나 지금이나 일 년에 고작 두어 명을 엄정하게 선발하는 곳인 만큼 그가 수월하게 문단에 입문한 것은 아니었다. 다만, 20년이 지난 이제야 첫 수필집을 내게 되었으니 분명 늦은 편이다. 그렇다고 그가 작품 발표에 소홀했던 것은 아니다. 동인활동도 적극적이었고, 일간 신문에 연재를 이어가기도 했으며, 그가 관여하는 신앙잡지에도 부지런히 글을 실었다. 짐작하건데 문학에 앞서 그의 어깨에 얹힌 생활의 짐이 분망했기 때문에 늦어진 것이 아닌가 싶다. 이는 그의 수필집 표제를 『해빙』으로 삼은 것으로도 유추해 볼 수 있다.

우선 이숙희의 수필을 읽기 전에 먼저 살펴보아야 할 것이 있다. 사실 수필은 문학 가운데서도 무언가 새로운 세계를 만들어 내고자 하는 창작에 방점이 있는 장르는 아니다. 수필은 체험을 받아 적는 복기에서 시작하여 이를 해석하고 다시 삶에 적용하는 도구적 속성을 본질로 삼는다. 그런 점에서 수필이 여타 장르와 차별되는 자전적, 치유적 기능은 보다 높이 평가받아야 한다는 점이다.

또한 그의 첫 수필집은 20년 동안의 작품들을 선별하여 묶은, 어쩌면 선집과도 같은 성격을 가지고 있다. 오래 묵은 글과 새로운 글들을 통시적으로 병렬해 놓았다고 보는 것이 맞을 것이다.

그러니까 그가 거쳐 온 삶의 마디마디를 온전히 한 권의 책에 이식해 놓았다고 볼 수 있다.

그는 수필집 머리말에서 자신의 삶을 '가정생활과 신앙생활, 그리고 문학 활동으로 이루어진 삼각구도'라고 했다. 가정생활과 신앙 그리고 문학은 그를 버티게 하는 트라이포트이다. 이 세 가지는 제각각의 꼭지를 가지면서 다음 단계로 순환하여 모난 각을 깎고 다듬어 '모서리가 둥근 삼각형'을 이루고 있다. 이들은 서로 안과 밖이 다르지 않고 시작과 끝이 없는 뫼비우스 띠처럼 분리될 수 없는 일체이다.

그는 5남매의 맏딸이면서 7남매의 맏며느리다. 작품「귀소」에는 그의 지친 심리적 무게를 짐작하게 하는 대목이 있다. 그의 부부가 나란히 가톨릭 신앙생활을 시작하면서 안식의 의지처를 만나는 부분이다.

열네 살에 아버지를 여의고 열여섯 살에 어머니마저 돌아가시자 졸지에 칠 남매의 소년가장이 된 남편과의 결혼은 이미 예견된 고난이었다. 주위의 많은 반대를 무릅쓰고 서툰 발걸음을 시작한 맏며느리의 자리는 아무리 거부하려 해도 거부할 수 없는, 어쩌면 언어로 다 표현할 수 없는 깊은 연민이 아니었을까 싶다.

첫아이를 낳고 부기도 채 가시지 않은 모습으로 치러야 했던 시누이의 결혼식을 시작으로 시동생 두 명의 결혼식도 이어졌다. 간간이 형제들과의 동행에 예상치도 않은 덜커덩거림이 있을 때마다 야무지게 마음먹고 애써 담담함으로 가장해도 초심과는 달리 온몸의 세포는 원망으로 꿈틀댔다. -「귀소」에서

수필가 이숙희가 문학을 찾아 올 무렵이었다. 친정아버지마저 서둘러 여의고, 외환위기로 은행에서 근무하던 남편이 자리를 옮겼던 것 같다. 그는 무거운 짐들을 한 보따리 한 보따리 풀어헤칠 때마다 그 아득한 세월을 한 권의 책으로 엮고 싶다고 했다. 온통 아우성뿐인 세월을 어설프게라도 엮을 수만 있다면 지친 심신을 녹이고 달랠 수 있을 거라고 했다. 그리하여 그의 삶은 신앙으로써 치유를 얻고, 신앙의 삶은 곧 문학으로 전이되었으며, 문학이 다시 그의 삶을 치유하는 '모서리가 있는 둥근 원이라는 선순환적 일체를 이루게 되었다.

3.

이숙희 수필의 매력은 감동에 있다. 그의 진실된 삶의 여정과 신앙생활 그리고 문학적 활동이 자전적 치유의 도구에 머물렀다면 이는 작가의 일방적인 표출에 지나지 않을 것이다. 작품「해빙」에서는 한 사람의 자연인인 그가 수백 명의 눈망울 앞에서 담담히 자신의 인생을 풀어나가는 모습이 있다. 해빙은 매듭져 있는 그 무엇이 결국은 물이 되어 녹아내리는 과정이다. 그의 꿋꿋한 인생 이야기에 한 젊은이가 눈물을 흘린다. 한 무기수가 얼음장 같은 마음 문을 열어 보인다.

그의 희생적인 가정생활과 가족 관계를 포함한 폭넓은 인적 네트워크, 극한 도보여행과 라이딩을 통한 자기 극복, 신앙인과 문인으로서의 헌신적인 봉사활동은 독자에게 다가가 깨달음과 설득으로 이어져 비로소 문학적 완성을 얻게 된다.

우리의 삶, 우리가 쓰는 수필은 어쩌면 우리로 엮인 서로의 묘비 앞에 한 송이 장미로 남는 일인지도 모른다. 어느 시간, 어느 자리에서나 그 처음과 끝이 한결같기에 문우 이숙희 수필가와 함께 가는 우리는 행복하다.

- 홍억선(한국수필문학관 관장)

이
숙
희
수
필
집

글을 쓴다는 것은 신이 내린 축복인 동시에 형벌이었다.
써도 아프고, 쓰지 않아도 아픈 것이 글쓰기였다.

우리시대의 수필 작가선 095

해빙

이숙희 2023

인쇄일 | 2023년 05월 05일
발행일 | 2023년 05월 10일

지은이 | 이숙희
엮은이 | 이유희
편집인 | 이숙희
발행처 | 수필세계사
인쇄처 | 포지션

출판등록 | 2011. 2. 16 (제2011-000007호)
주소 | 41958 대구광역시 중구 명륜로 23길 2
연락처 | Tel (053) 746-4321 / Fax (053) 793-8182
E-mail | essaynara@hanmail.net

값 13,000원
ISBN 979-11-85448-95-4

* 이 책의 판권은 지은이와 수필세계사에 있습니다.
  양측의 서면 동의없이는 무단 전재 및 복제를 금합니다.